1교시

- 비판적 시민을 기르는
- 프랑스 교실의 비밀

철학수업

Le sujet

La culture

La raison et le réel

La politique

La morale

뤼크 이전 지음 · 박소정 옮김

이터

프랑스 고등학교에서는
왜 철학을 가르칠까?

시작은 고등학교에서 철학교육을 추진하는 것에 대해 솔직한 내 생각을 담은 글이었다. 타이완의 고3 철학수업을 포함해 프랑스에서 내 아이가 받은 초·중등 교육내용을 토대로 썼고, 결론은 '고등학교 철학교육을 추진하려면 초등학교 때부터 시작해야 한다'는 것이었다. 그 글에서 나는 철학교육에 대한 이야기뿐 아니라 프랑스의 교육이념을 비롯해 결과보다 과정을 중요시하는 시험문제를 비중 있게 다루었다. 프랑스의 시험문제에는 기본적으로 표준답안이 없었다.

사실 최근에는 철학교육에 관심을 가지고 주목하는 사람이 상당히 많다. 그래서 실제로 교실에서 철학수업을 하는 사람도 있고 학교 외부에 철학캠프를 만든 사람도 있다. 뿐만 아니라 온라인에서도 철학교육을 시도하려는 움직임이 일고 있다. 이런 움직임은 전부 프랑스 고등학교 철학교육에서 영감을 받아 시작된 것이다. 그리고 프랑스의 고등학교 철학교육에 대한 관심과 요구로 이 책이 탄생했다.

이 책은 '철학책'이 아니다. 철학 이야기책도 아니고 철학 교과서는 더더욱 아니다. 이 책은 왜 프랑스에서는 일반 고등학교는 물론이고 직업고등학교에서도 철학수업을 하는지, 철학수업이 왜 그렇게 중요한지, 왜 전인교육을 위해 철학교육이 중요한지를 알려준다.

나는 해답을 찾기 위해 더 구체적인 질문을 던져보았다. 철학수업에서는 대체 무엇을 가르치는가? 철학수업이 일반 수업과 다른 점은 무엇인가? 왜 이 수업이 특별한가? 나는 이런 질문을 가지고 프랑스 고등학교 철학교사 6명을 인터뷰했다. 교사들이 프랑스 고등학교 철학수업이 무엇인지 직접 이야기해줄 것이다.

프랑스 철학교사들은 내가 인터뷰하는 목적을 알고 나서 하나같이 조심스러워하는 태도를 보였다. 언사가 신중해졌다거나 말실수를 할까봐 걱정해서 그런 게 아니었다. 교사들은 자신이 가르친 경험과 관찰한 것을 바탕으로 프랑스의 철학교육을 과감하게 비판하

1교시 철학수업

고 반성함으로써 프랑스의 철학교육에도 아직 개선해야 할 부분이 많다는 걸 보여주려고 했다. 우리가 반면교사로 삼을 수 있게끔 프랑스의 고등학교 교육이 처한 문제점을 제시하기도 했다. 그렇기 때문에 이 책은 듣기 좋은 말로 사람들을 속이려는 게 아니며, '메이드 인 프랑스'라는 명품으로 포장해 마케팅을 하려는 건 더더욱 아니다.

나는 교사들뿐 아니라 학생들도 만났다. 철학수업을 좋아하는가? 철학수업이 어려운가? 철학수업은 지루한가? 철학수업에서는 무슨 내용을 가르치는가? 졸업 후에도 그 수업을 기억하고 있는가? 이런 질문을 프랑스 청년 6명에게 던지며 그들이 받았던 철학수업에 대해 이야기를 나누었다. 청년들 중에는 막 바칼로레아(프랑스의 논술형 대입 자격 시험)를 치른 사람도 있었고 고등학교를 졸업한 지 2년이 된 대학생도 있었다. 같이 공부했던 친구들 간에도 철학수업에 대한 경험차가 아주 컸다. 하지만 사람마다 받아들이는 게 달라서 그렇지 좋아하는 철학개념은 의외로 비슷했다. 그것은 전부 자신과 밀접하게 관련이 있는 개념들이었다.

실제로 타이완에서 철학수업을 시작한 고등학교가 있다. 난상고등학교 인문실험반은 매주 철학수업을 한다. 철학이 무엇을 바꿨는가? 이 질문에 대한 대답을 난상고등학교 교사와 학생들에게서 들어보았다.

취재하고 글을 쓰는 과정에서 나는 수년 동안 철학교육을 추진하기 위해 노력해온 수많은 사람을 만났다. 그들은 고등학교에서 철학교육을 할 수 있는 수천수백 가지 길을 알려줄 것이다. 그리하여 이 책을 통해 프랑스에 있는 고등학교 교실을 들여다보고 우리 교육 현장을 돌아보는 계기로 삼을 수 있을 것이다.

이 책을 완성할 수 있었던 건 인터뷰에 응해준 프랑스 고등학교 철학교사들과 학생들의 도움 덕분이었다. 또한 타이완에서 자신의 경험과 느낀 바를 공유해주며 도움을 준 모든 분께 이 자리를 빌려 감사의 말을 전한다. 마지막으로 우리 교육의 토양을 갈아엎기 위해 작은 모종삽으로라도 기꺼이 힘을 보탤 당신에게 이 책을 바친다.

뤄후이전

PART 1

· 혁명에서 탄생한 프랑스 고등학교 철학수업

철학을
동사로 바꾸다

"우리는 철학la philosophie을 배우는 게 아니라
철학적으로 사고하는à philosopher 법을
배우는 것이다."

_임마누엘 칸트 Immanuel Kant

고등학교에서
철학을 배운다?!

타이완에서는 철학교육이 한동안 뜨거운 감자로 떠올랐다. 국립 타이완사범대학에서는 철학 고전 도서목록을 작성했고 철학을 고등학교 교과과정에 포함해야 한다고 주장하는 사람들도 나왔다.

이와 관련해 나는 몇몇 학부모를 취재했는데 그들은 고등학교에서 철학을 가르치는 문제에 대해 많은 의구심을 갖고 있었다.

"지금도 배울 과목들이 넘치는데 힘들고 어려운 철학까지 더하면 애들이 감당할 수 있을까요?"

"철학시험은 표준답안이 없는데 어떻게 '공정'하게 채점하죠?"

"우리 학생들은 이미 주입식 교육이나 암기에 길들여졌는데 그게 어떻게 단기간에 바뀌겠어요?"

"뭐든 표준답안이 필요한데 철학은 그게 없으니 교사들이 어떻게 가르치겠어요?"

"예전에도 이런 교육은 없었잖아요. 철학을 대체 어떻게 가르칠 건가요?"

"그 많은 철학교사들을 어디 가서 찾아요?"

"주입식 교육 시스템 안에서 양성된 철학교사들이 과연 학생들에게 사고하는 방법을 가르칠 능력이 있을까요?"

"철학은 너무 어렵고 현학적이지 않나요? 철학이 애들 미래와 무슨 관계가 있죠?"

"우리 교육 문제는 한두 가지가 아닌데 철학 수업 하나로 과연 뭘 바꿀 수 있을까요?"

"일상생활에서는 철학을 접할 길이 없는데 철학교육 얘기가 어디서 갑자기 툭 튀어나온 거죠?"

"철학이 무슨 도움이 되나요? 애들 문제를 해결할 수 있어요?"

"사고력이 뛰어나면 살면서 겪는 어려움도 해결할 수 있나요?"

"복잡한 심리를 이해하는 데 철학이 도움을 줄 수 있나요?"

"철학은 자유롭게 사고할 수 있도록 만들어주는 거잖아요? 그런데 왜 그걸 시험으로 옭아매는 거죠?"

"전반적으로 사고능력이 떨어져 있는 상태라면 철학수업 하나 늘린다고 해결될까요?"

"사고하는 법을 배우라면서요. 저렇게 수업이 꽉 차 있는데 어떻게 사고를 합니까?"

"어떤 교육을 실시할 때는 소비 트렌드와 연계하지 않으면 쉽지 않을 겁니다. 예술교육을 하면 어려서부터 예술작품 감상하는 법을 배워서 성인이 되어 예술품 구매가 늘어나는 것처럼요."

반면 기대 섞인 답변을 내놓은 학부모들도 있었다.

"작은 일처리부터 인생의 방향을 결정하는 것에까지 영향을 주잖아요. 철학은 정말 중요해요."

"현재 상황과 철학교육을 연계시켜야 해요. 애들은 미래를 마주하는 걸 두려워하니까요."

"토론 방식으로 수업을 진행하면 애들도 분명 좋아할 거예요."

"애들이 성숙해야 민주사회가 성숙해집니다."

프랑스의 철학교육은
초등학교 때부터 시작된다

최근 타이완 철학 학계는 고등학교 철학교육을 추진하기 위해 애쓰고 있다. 다양한 철학캠프를 마련해 학생들이 참여하도록 끌어들이는 것이다. 이런 노력을 통해 학생들이 서서히 철학을 받아들이고 고등학교 철학교육이 실현되어 중등교육을 전면 개조할수 있기를 기대하고 있다. 하지만 현행 교육이념, 대입시험문제, 시험 전에 받는 일명 '족집게 과외' 현상 등을 감안할 때 우리 고등학교에서 철학수업을 추진하기엔 아직 갈 길이 멀어 보인다.

나는 장기간 프랑스에 머무르며 내 아이의 교육과정을 지켜봤다. 그리고 한 가지 결론을 얻었다. 프랑스의 초·중등 교육은 고등학교 3학년 철학수업을 위한 준비과정이나 다름없다는 것! 우리의 현행 초·중등 교육에는 아직 이런 기준이 없기 때문에 고등학교에서 철학교육을 추진하려면 반드시 초등학교에서부터 변화가 시작되어야 한다.

고등학교 철학의 교육목표는 학생들에게 '사고력과 논리력'을 길러주는 것이다. 물론 이런 프랑스 고등학교 철학교육의 기본방침이 일리 있어 보이기는 한다. 하지만 초등학교 때부터 '사고와 논리'를 훈련하지 않는다면 고등학교 3학년이 되었다고 갑자기 사고력과 논리력이 생기지는 않는다.

프랑스 고등학교에서는 철학 시험을 본다. 4시간 동안 달랑 한 문제를 푸는데 놀랍게도 학생들은 또박또박 15쪽을 꽉 채워 쓴다. 거의 소논문 한 편에 해당하는 분량이다. 이런 내공은 타고나는 것이 아니다. 값비싼 뇌영양제를 먹는다고 해서 기를 수 있는 능력도 아니다. 프랑스 아이들은 초등학교 때부터 고3이 될 때까지 쓰기와 독해 훈련을 한다. 10년 동안 독해, 언어표현, 쓰기 능력을 훈련하는 목적은 바로 고등학교 3학년 철학수업을 준비하는 것이다.

세계 모든 국가가 자국어를 중요시하듯 프랑스도 마찬가지다. 10여 년 전, 내 아이는 프랑스에서 초등학교 2학년에 다니고 있었다. 한번은 학부모회에 참석했는데 교사들이 학부모 한 사람 한 사람과 일일이 대화를 나눴다. 2학년 수학을 가르치던 교사 후이옹 씨가 나에게 이렇게 말했다.

"불어에 대한 이해력이 부족하면 어떻게 수학문제를 보고 이해할 수 있겠어요?"

프랑스 수학시험은 계산문제보다 응용문제 위주여서 숫자와 기호만 아는 걸로는 부족하다.

프랑스에서 불어를 못하면 수학은 끝이다. 응용문제는 그 자체로 추론하는 과정이기 때문이다.

"답을 쓸 줄 아는 것만으로는 소용없어요. 전 그 답이 어떻게 나오게 됐는지를 봅니다."

교사는 간단한 예를 하나 들었다.

"반 학생이 24명인데 학생들에게 2개씩 사탕을 나눠준다면 통에 사탕이 최소 몇 개가 필요할까요?"

후이융 씨가 이어서 말했다.

"48개라고만 대답하면 안 됩니다. 어떻게 해서 48개라는 답이 나왔는지 써야 해요. 왜 48개인지 알려주시겠어요?"

어린 학생들에겐 각자 48개라는 답이 나오게 된 풀이절차가 있었다. 프랑스에서 초등학교 2학년 학생들은 이런 수학 응용문제를 연산 추론하는 과정을 절대 소홀히 여겨서는 안 된다. 이는 10년 후 고등학교 3학년 학생들이 다음과 같은 문제에 답할 수 있도록 만들어주는 사고의 원천이기 때문이다.

"국가가 없다면 우리는 더 자유로워지는가?"

"우리는 반드시 진리를 추구해야 하는가?"

"일을 통해 우리는 무엇을 얻을 수 있는가?"

"언어는 단지 의사소통 수단에 불과한가?"

"일의 가치는 '실용성'의 유무에만 달려 있는가?"

"인간은 즐거워지기 위해 최선을 다해야 하는가?"

"선택할 수 있다면 다 자유로운 것인가?"

"예술작품은 우리의 감각을 키워주는가?"

"예술가는 작품의 주인인가?"

"법률의 정의定義는 정의正義인가?"

그렇다. 프랑스 고등학교의 철학 시험문제는 해마다 놀라움을 자아낸다. 고등학교 철학교육을 간절히 바라는 사람들에게는 특히 더하다. 우리 청년들은 프랑스의 시험문제를 보더니 이렇게 말했다.

"눈물 나게 감동적이에요. 수험생들이 존중받고 있다는 느낌이 드네요."

하지만 학부모들은 자녀가 과연 이런 문제에 답할 능력이 있을까 하는 의구심을 가졌다. 솔직하게 이런 답변을 내놓은 대학생들도 있었다.

"전 대학교 4학년이 돼도 이런 문제에는 대답 못 할 것 같아요."

우리나라의 고등학교 3학년 학생들은 물론이고 대학생들마저 이런 시험문제에 대답하지 못한다는 건 사실 지극히 정상적인 일이다. 초등학교 2학년 때 수학 응용문제를 접한 이후로 10년간 객관식 문제, OX 퀴즈나 간단한 주관식 문제만 풀어서 아이들의 사고력이 심각하게 저하됐기 때문이다.

나는 중학교 시절에 본 객관식 문제 하나를 지금도 기억하고 있다.

《갈매기의 꿈》의 저자는 누구인가? (　)

(a) 찰리 바크

(b) 리처드 하바

(c) 리처드 바크

(d) 찰리 하바

아직까지도 이 문제를 기억하는 걸 보면 당시 내가 받았던 '충격'이 얼마나 컸는지 알 수 있다. 이제는 《갈매기의 꿈》을 읽는 사람이 없는지 모르겠지만 이런 식으로 사고하는 문제들은 형태만 다를 뿐 지금도 계속해서 등장하고 있다.

인터넷에서 중학교 시험문제를 보면 꽤나 수준 있어 보이는 문제들도 사실은 학생의 '조준' 능력을 훈련시키기 위한 것에 불과하다는 걸 알게 된다. 그렇게 교육받은 학생은 목표만 볼 뿐 주변 환경은 보지 못한다. '사냥감'이 어디서 왔는지, 심지어 왜 '조준'해야 하는지조차 모르는 것이다.

법률 관련 문제에 답할 때는 반드시 글자 하나하나를 신경 써서 봐야 한다. 그래야 교과서 표준답안에 맞게 작성할 수 있기 때문이다. 하지만 '법률의 정의定義는 정의正義인가'라는 문제를 이해하는 사람은 없다. 아니, 혹시 우리 고등학생들은 이런 문제를 풀 능력이 없다고 우리 멋대로 생각하는 건 아닐까?

같은 10년이란 기간 동안 프랑스 학생들은 복잡한 불어 문법, 시제, 각종 품사를 열심히 공부한다. 쓰기도 꾸준히 배우는데 대부분의 시험이 주관식이며 그 주관식도 짧은 답만 적어내는 게 아니기 때문이다. 따라서 초등학생들은 2줄, 3줄, 5줄, 10줄 이런 식으로 서서히 쓰기를 익혀나간다. 중학생이 되면 교사들은 학생들에게 답을 더 길게 쓰라고 요구하기 시작한다. 이런 식으로 훈련을 거듭하다 보면 마침내 4시간 동안 막힘없이 답을 술술 써 내려가고 쓸수록 생각이 정리되며 문장이 유려해지는 수준에 다다르게 된다.

불어 과목만 그런 게 아니라 지리와 역사 시험에서도 답을 길게 써야 한다. 예를 들어보겠다! 프랑스 중학생들은 중학교 3학년 때 졸업증서를 받으며 처음으로 전국 학력평가시험을 치르게 된다. 논술 시험은 한 문제만 보는데 수년 전 이 시험의 역사 기출문제는 다음과 같았다.

'제1차 세계대전 당시 프랑스의 전선前線과 후방後方의 생활상에

대해 논하시오.'

지리 시험문제는 더 광범위했는데 수험생들은 시험지에 제시된 유럽연합EU 관련 자료들을 바탕으로 'EU의 경제력과 한계에 대해 설명하시오'라는 문제에 답해야 했다.

한 과목의 시험을 3시간 동안 보는데 쓰기 실력이 부족해서 비뚤비뚤하게 쓴 3문장으로 답안 작성을 끝내버린다면 그 시험은 망하는 것이다. 또 언어이해력이 부족하면 제시된 자료에서 핵심을 파악하고 차근차근 논의를 전개해나갈 수 없다. 교과서에 나온 제1차 세계대전에 대한 내용은 제한적이라 공부한 내용으로 자신의 능력을 발휘하기에는 턱없이 부족하다. 역사적으로 중요한 사건과 일자를 혼동해서는 안 되고, 기억은 하되 무턱대고 암기해서도 안 된다. 그렇기 때문에 제1차 세계대전과 관련해서 프랑스 중학생들은 문학작품이나 영화 등을 통해 더 많은 역사적 지식을 배워야 한다. 문화적 소양을 중시하는 학부모들은 아이를 데리고 제1차 세계대전 박물관에 가거나 프랑스 동북부에 위치한 베르됭(제1차 세계대전 때 베르됭 전투가 벌어진 도시)을 견학하기도 한다.

중학교를 졸업하기 전에 학생들은 지역 정치 및 경제와 관련된 문제를 전반적으로 이해해야 한다. 고등학교 3학년이 되면 시험문제가 더 포괄적이고 광범위해지기 때문이다. 2014년 고등학교 역사 시험문제는 '1949년 이후 중국과 세계의 관계에 대해 논하시오'였다. 지리 시험지에는 브라질 각 지역의 경제발전 상황을 그림으로 표시해놓은 문제가 있었는데 수험생들은 남미 신흥국가들의 농림목축업, 경·중공업, 첨단산업, 금융업 발전현황과 브라질 각 지역의 빈부격차 및 도농발전 불균형과 같은 문제를 그림까지 곁들여 설명해야 했다.

중국과 지리적으로 멀리 떨어져 있는 프랑스 고등학생들은 1949년 이후 중국과 세계의 관계에 대해 어떻게 답해야 할까? 프랑스에서 초·중등 교육을 받은 리허 씨가 말했다.

"시기별로 나눌 수 있어요. 중국과 소련 관계가 우호적이던 시기, 마오쩌둥이 소련과 결별하고 제3세계 지도자가 되려던 시기, 덩샤오핑이 개혁개방을 추진하던 시기로요."

리허 씨는 말을 이었다.

"주요 사건별로 단계를 나눌 수도 있어요. 어쨌든 당신이 생각하는 논점과 다른 견해를 가진 사람이 있을 수밖에 없습니다. 여기에서 문제가 생기는 거죠. 따라서 당신은 논거를 들어 추론을 하고 그렇게 생각하는 이유를 설명해야 합니다."

'왜 48개인지 알려주시겠어요?'

또다시 후이융 씨의 쉰 목소리가 들리는 것 같았다.

2016년에는 대다수 사람들이 시험 예상문제로 중국과 미국 관련 문제를 꼽았다. 대규모 반정부 시위인 '아랍의 봄'이 일어난 뒤로 역사든 지리든 아랍 세계와 아프리카 관련 문제는 다루기 힘들어졌다. 이 문제를 건드려야 할지 말지에 대해 논의가 분분하다. 국제적 이슈인 생태, 에너지, 세계화도 자주 출제되는 시험문제다.

중학교 학력평가시험부터 바칼로레아에 이르기까지 역사와 지리 시험문제는 현 국제 정세와 밀접한 관련이 있고 세계 경제·지리의 비중도 상당히 높다. 2015년부터 고등학교 이과理科 학생들도 역사와 지리 시험을 보게 한 걸 보면 요즘 같은 세계화 시대에 두 과목이 얼마나 중요한지를 알 수 있다. 프랑스 중학생들은 각종 매체의 집중보도와 다큐멘터리를 보고 역사·지리 교사들의 수업을 들으면서 세계적인 안목을 기르고 시사에 대해 관심을 갖는다. 이는 암기로 얻을 수 있는 게 아니다. 교사가 수업한 내용을 줄줄 외우며 토씨 하나 안 틀리고 답안지에 적는다면 아마 8점밖에 못 받을 것이다. 여기에서 8점은 20점 만점에 8점이다. 그 점수로는 합격할 수 없다.

"남들도 이미 다 알고 있는 답인데다 자기 생각도 없으니 당연히 불합격이죠."

리허 씨가 말했다.

열심히 필기만 하는 걸로는 부족하다. 프랑스의 교육은 교사의 뒤꽁무니만 쫓는 학생을 길러내는 게 아니다. 자기만의 독특한 견해를 요구한다. 그렇다고 아무 말이나 해서는 안 된다. 논설문 쓰기는 훈련할 수 있다. 교사는 학생들이 능력을 한껏 발휘할 수 있도록 이끌어줘야 한다. 이런 걸 보면 프랑스 고등학교에서 불어, 역사, 지리 교사들의 책임이 얼마나 막중한지 감이 올 것이다.

모든 국가는 자국어 교육을 중시한다. 19세기에 프랑스는 문학을 찬란하게 꽃 피웠고 20세기에는 걸출한 대문호를 여럿 배출했는데 장 라신Jean Racine, 몰리에르Moliere와 같은 극작가들의 작품이 지금도 꾸준히 상연되고 있다. 또한 계몽시기의 철학가들이 문학작품을 출판한 덕분에 학생들은 읽을거리가 풍부해졌고 문학을 읽으며 철학의 세계로 들어갈 수 있게 되었다. 학생들은 초등학생 때부터 거의 매년 연극 한 편씩을 관람해야 한다. 그리고 고등학생이 되면 불어교사는 학생들을 데리고 연극을 보러갈 뿐만 아니라 극본과 인물을 분석하게 하고 연극평론을 작성하는 법을 가르치기도 한다. 문화적 소양을 기르는 데 10년의 시간이 필요한 것이다.

고등학교 2학년이 되면 후이융 씨가 "불어가 중요하다"라고 했던 말에 동의하게 된다. 역사와 지리를 비롯해 생물과 지구과학 시험답안도 전부 불어로 써야 하기 때문이다.

그렇다면 불어 시험은 어떻게 볼까? 프랑스에서는 고등학교 2학년 여름방학 전에 불어와 과학 시험을 먼저 본다. 2014년 과학 시험에는 에너지와 핵폐기물 문제가 등장했다. 불어 시험은 필기시험과 구술시험으로 나뉘는데 두 시험의 비중이 같다. 모든 언어과목에는 구술시험이 있어서 언어표현 능력과 임기응변 능력을 평가한다. 시험장에 들어서면 주임시험관이 학생이 다니는 학교의 교재를 가지고 즉석에서 글 한 편과 문제를 지정한다. 학생이 30분간 준비시간을 갖고 10분간 답변하면 다시 시험관이 질문하는 방식이다.

한편 필기시험은 4시간 동안 치러진다. 그중에서도 내 가슴을 뛰게 만든 모의시험 문제가 하나 있었는데 마르그리트 뒤라스의 《히로시마 내 사랑》과 마르셀 프루스트의 《잃어버린 시간을 찾아서》가 참고자료로 주어졌다. 시험문제는 이랬다.

《히로시마 내 사랑》의 여주인공은 "추억은 필요한 거야"라고 말했다. '지난 일'이 소설 줄거리의 발전과 글쓰기에 미치는 중요성에 대해 설명하시오.

이런 문제에 표준답안이 어디 있겠는가? 어쩌면 표준답안이 없다는 걸 받아들여야 철학교육이 가능해질지도 모른다.

문학작품은 대개 지난 일을 추억한다. 탐정소설을 좋아하는 사람은 기억에 대해 특히 민감하다. 지난 일을 추적하며 사건 해결의 실마리를 찾기 때문이다. 회고록은 쉽게 지워지지 않는 지난 일들로 가득하다.

4시간 동안 치러지는 시험이 시작되면 먼저 초고를 작성하는데

《해리포터》를 비롯해 자라면서 읽었던 모든 걸 다 써먹어야 한다. 물론 '지난 일'에 대해 색다른 견해를 제시할 수도 있다. 시험지를 읽는 교사가 수긍할 만큼 논거를 들어 설명할 능력이 된다면 말이다.

소동파처럼 물이 샘솟듯 작품의 구상이 떠오른다거나 조앤 롤링처럼 상상력이 풍부하다면 시를 쓰고 창작을 해도 좋다. 미완성 상태인 단편소설을 완성하거나 다른 결말을 쓸 수도 있고 동물을 주인공으로 한 교훈적인 우화를 쓸 수도 있다.

초고를 완성하면 파란색 만년필로 7, 8쪽을 채우는데 많게는 14, 15쪽을 작성하는 학생들도 있다. 이쯤 되면 4시간이 길다는 생각은 들지 않을 것이다. 중간에 10분간 화장실에 다녀올 수 있는 시간이 있는데 복도에 감독관이 있어서 부정행위를 걱정할 필요는 없다.

파란색 만년필로 답안을 작성하며 숙제하는 건 프랑스 고등학교의 전통이다. 얼마나 오랫동안 이어진 전통인지는 몰라도 예전에 프랑스 철학자 미셸 푸코가 파란색 만년필로 필기해놓은 걸 본 적이 있다.

프랑스 아이들은 7세 이후 10년이란 세월을 거쳐 고등학교 3학년이 되면 드디어 철학수업을 받을 수 있게 된다.

혁명에서 탄생한
프랑스의 고등학교 철학교육

매년 6월 초가 되면 프랑스 고등학교에서 첫 번째 '철학시험'이 치러진다. 각 매체에서는 한시라도 바삐 철학 시험문제를 알아내려고 하고 시험이 끝나면 온라인에서 문제해설 경쟁에 불이 붙는다. 고등학교 철학교사들이 직접 답변하는데 그 모습이 '전 국민 운동'을 방불케 한다.

전 세계가 프랑스 고등학교 철학의 매력에 놀라고 있다. 확실히 매력적이다. 프랑스 사람들만 생각해낼 수 있는 철학문제들은 수없이 많은 과정을 거치며 발효된 프랑스 와인과 같다. 우리는 이런 발효가 하루 이틀 사이에 이루어지지 않는다는 걸 잘 알고 있다.

실제로 프랑스 고등학교에서 철학교육을 한 지는 180년이 넘었다. 철학교육은 프랑스 사람들이 여러 차례 세계정세의 변화를 겪고 국제무대에서 갖가지 위기를 경험하면서도 여전히 자부심을 느낄 만한 독특한 개성과 전통을 형성했다. 프랑스가 자랑스러워하는 전통의 근원을 알면 시민사회의 근간이 왜 철학교육에 있는지를 이해하게 될 것이다.

프랑스 철학교육은 빅토르 쿠쟁Victor Cousin, 프랑스 19세기 철학자을 빼놓고 이야기할 수 없다. 철학전문가들에게 애증의 대상인 쿠쟁은 19세기 전반에 프랑스 고등학교 철학교육과정을 제정했다. 이를 기점으로 프랑스 고등학교 3학년 학생들은 1년 동안 반드시 철학수업을 들어야 했고 문과와 이과 모두 철학을 필수과목으로 배웠다.

프랑스 고등학교의 기원은 상당히 오래되었는데 프랑스 대혁명 이전까지 대다수 고등학교는 천주교 예수회가 세운 것이었다. 그리고 1809년 나폴레옹이 바칼로레아를 만들었는데 고등학교 졸업증서를 주는 이 시험을 이제는 모든 기술고등학교와 직업고등학교에서도 실시하고 있다. 고등학교 3년 과정을 이수해도 이 시험을 통과하지 못하면 고등학교 졸업증서를 받지 못하기 때문에 고졸학력이 인정되지 않는다.

1792년 파리 출생인 쿠쟁은 태어나면서부터 프랑스 대혁명과 시민들의 정치적 요구에 깊은 영향을 받았다. 중학교 때 우등생이었던 쿠쟁이 다닌 고등학교는 지금도 파리의 명문학교로 손꼽히는 샤를마뉴 고등학교Lycée Charlemagne다. 훗날 프랑스 사상계를 이끌었던 장 폴 사르트르와 피에르 부르디외 같은 사람들이 학문탐구의 길을 간 것처럼 쿠쟁은 바칼로레아에서 우수한 성적을 거두며 고등사범학교École Normale Supérieure, ENS에 입학했고 고등학교에서 교편을 잡았다가 소르본 대학의 부교수로 진급했다.

1817년 쿠쟁은 학술교류를 위해 독일 하이델베르크에 갔다가 당시 철학교수로 재직 중이던 헤겔을 만나게 된다. 그 후로 쿠쟁은 차츰 독일철학에 눈을 떴고 칸트, 프리드리히 셸링, 요한 고트리이프 피히테의 학설은 그에게 철학적 자양분이 되었다. 지금도 여전히 프랑스 고등학교 철학 교재에서 독일철학의 비중이 가장 큰 걸 보면 쿠쟁 개인의 학술이 그 당시 교육의 흐름을 주도했고 오늘날까지 영향을 미치고 있다는 걸 알 수 있다.

학술계에서 성과를 거둔 쿠쟁은 학이우칙사學而優則仕, '학문을 닦다 여력이 생기면 공직에 나아간다'는 뜻으로 《논어(자장편)》에 등장함라는 말처럼 프랑스 공립교육부장관 자리에 오른다. 좀 전에 프랑스 대혁명이 일어난 해에 쿠쟁이 태어났다고 얘기했는데 프랑스가 인류문명에 가장 큰 공헌을 했다고 여겨지는 이 혁명은 시민사회의 가능성을 보여주는 것이기도 하다.

그래서 '독립적인 판단능력을 갖춘 시민 양성', '인류의 사상적 해방'이라는 두 가지 원칙에 입각해 쿠쟁은 프랑스 고등학교에 철학교육과정을 설계했다. 1828년 철학사 독서지도를 시작으로 1830년에 이르러 심리학, 논리학, 신학, 철학사를 포함한 교육과정이 완성되었다.

프랑스의 철학전문가들이 관직에 오르거나 민의를 대표하는 정치인이 되면서 프랑스 철학교육은 정치적인 성격을 강하게 띠게 되었다. 이런 경향이 거의 200년간 지속되다 보니 '국가는 필요한가?'와 같은 시험문제도 등장할 수 있는 것이다.

사실 그 전에도 프랑스에는 철학교육과정이 있었다. 1802~1808년 행정명령 문헌을 보면 논리학과 도덕교육이 중·고등학교 교육과정에 들어가 있다. 1809년에는 철학수업에 논리학, 형이상학, 도덕, 철학가의 주요저서를 가르치게끔 수정되기도 했다. 쿠쟁은 관직에 오른 뒤 이 같은 철학교육을 전면 보급하기 위해 힘썼다.

쿠쟁은 일찍이 고등학교 철학교육과정을 제정하면서 "철학수업은 프랑스 대혁명 정신을 계승하는 연장선상에 있다. 철학수업의 목적은 독립적인 사고력을 갖춘 시민을 길러내기 위함이지 철학자를 양성하려는 게 아니다. 또한 교육을 보급하기 위함이지 엘리트를 양성하려는 게 아니다. 부디 학생 개개인이 견문을 넓히고 학식을 연마하며 문화적 소양 쌓기를 게을리하지 않길 바란다"라고 수차례 강조한 바 있다. 각양각색의 바칼로레아 문제를 보다 보면 영화를 많이 보고 미술관을 자주 다니며 시사에 관심을 갖는 게 시험에서 좋은 점수를 받는 비결이라는 걸 알 수 있다.

관찰력이 좋은 사람이라면 심리학이 철학교육과정에서 상당한 비중을 차지한다는 걸 눈치 챌 것이다. 프랑스 사람들은 자신들이 그렇게나 중요시하는 몸과 마음의 '힐링'을 추구하기보다는 욕망, 행복과 같은 '인간의 문제'를 주체적으로 받아들이는 편이다.

쿠쟁은 처음으로 철학교육과정을 만든 동시에 '고등학교 철학교사'라는 직종을 개척했고 그 당시 고등학교 철학교사 심사위원회 위원장직을 맡기도 했다. 쿠쟁은 철학수업에서 가르칠 내용을 결정하기도 했지만 고등학교 철학교육 방법까지 주도했다는 점에서 정말 대단하다고 할 수 있다. 고등학교 철학교육과정이 생긴 뒤 과거에 철학자였던 사람들이 봉급을 받는 '직장인'이 되었다.

프랑스 철학교육에 기여한 쿠쟁의 업적을 기리기 위해서 프랑스 정부는 소르본 대학 앞에 있는 거리를 '쿠쟁 거리Rue Victor Cousin'로 명명했고 프랑스 남부 툴루즈에도 쿠쟁의 이름을 딴 거리가 있다. 그런데 현재 프랑스 고등학교 철학교사들은 자신들의 시조격인 쿠쟁을 기리기는커녕 그가 혼자서 주도한 철학교육이 지나치게 제도화되었다며 끊임없이 비판하고 의문을 제기한다. 제도를 수립할 때 철학을 공부해야 '형식'과 '해방'이 병존할 수 없다는 걸 이해할 수 있다는 말을 우리도 자주 하지 않는가.

드디어 논의의 핵심이 등장했다. 프랑스 철학교육의 궁극적인 목적은 사상의 해방l'émancipation이다. 해방이라는 단어와 철학은 샴쌍둥이 같은 관계라는 걸 주의하기 바란다. 여기에서 해방은 기존의 의미와 전혀 다르다. 그래서 프랑스 철학교육이 학생들의 분석력과 문제해결 능력을 키워주는 것이다. 남들이 깜짝 놀랄 만한 어떤 견해를 꼭 제시할 필요는 없지만 최소한 분석·추론 능력만큼은 배울 필요가 있다. 이런 철학교육은 마음을 정화해주거나 모든 망상과 미혹에서 벗어나게 해준다기보다는 이성적으로 사고하는 법을 가르쳐준다. 우리는 직감이나 '염력'에 의지하여 철학수업을 해서는 안 된다. 더욱이 철학교사와 감상적으로 대화할 생각일랑 꿈도 꾸지 않는 게 좋다.

철학수업의 목표는 사고를
자유롭게 하는 것

고등학교 철학교육과정이 보급된 이후로 프랑스의 철학교사들은 아이들을 가르친 경험을 바탕으로 끊임없이 개혁의 목소리를 높여왔다. 철학교사들은 철학교육과정이 학생들의 분별력을 계발하고 세계와 마주할 수 있는 능력을 길러주기를 기대한다. 철학교육과정의 취지가 철학자를 양성하는 게 아니라 자유롭게 사고하는 시민을 길러내는 것인 만큼 학생 개개인에 맞게 수업을 진행해야 한다.

현재 프랑스의 일반 고등학교와 직업고등학교의 수업 시수는 과목별로 상이하다. 문과는 주당 8시간씩 철학을 배우는데 바칼로레아에서 철학과목의 가중치는 7이다. 이는 바칼로레아 점수에 7을 곱하는 것으로 그만큼 중요한 과목이란 뜻이다. 그에 반해 역사·지리, 불어 등 다른 과목의 가중치는 4에 불과하다. 한편 경제사회학과와 이과는 주당 4시간씩 철학을 배우는데 가중치는 4고, 직업고등학교의 경우 대부분 주당 2시간씩 철학수업을 하며 가중치는 2다.

프랑스 고등학교의 문과학생들은 대학교에 진학해서 철학이 아닌 법학을 공부할 수 있고 이과학생들도 언어계열의 학과를 신청할 수 있다. 그런데 바칼로레아에서 문과학생들은 수학 시험을 안 봐도 되지만 이과학생들은 반드시 역사·지리 과목의 시험를 봐야 한다는 차이점이 있다.

프랑스 철학교육은 자유롭게 사고하는 시민을 길러내고 학생들의 사상적 기초를 튼튼하게 만드는 게 목표 아니었나? 그런데 고등학교에서 학생들에게 철학을 고작 1년 가르쳐가지고 그 목표를 달성할 수 있을까? 철학교사들은 학생들에게 철학사와 주요 철학가들의 이론을 가르치고 수업요강에 등장하는 여러 가지 개념들을 이해시키면서 수업시간에 빠져서는 안 되는 토론과 변론까지 지도하려면 1년으론 턱없이 부족하다는 입장이다. 학생들은 반년 동안 복잡하고 어려운 철학을 배우면서 이제 좀 적응할 만하다 싶으면 학기가 끝나버린다고 토로한다.

시기를 조금 앞당겨 철학수업을 고등학교 2학년 때부터 시작해야 하는 건 아닐까? 사실 프랑스에서 이 문제를 논의한 지는 이미 10년도 더 넘었다. 현재 많은 고등학교에서 2학년부터 시범적으로 철학수업을 실시하고 있고 고등학교 1학년 학생들에게 선택과목으로 철학을 가르치는 학교도 있다. 조만간 공식적으로 고등학교 2학년부터 철학수업을 시작할지도 모르겠다.

이보다 좀 더 앞당겨 중학교, 심지어 초등학교 때부터 철학교육을 시작해야 하는 게 아닌가 하는 문제는 오래전부터 논의되어왔다. 일부 중학교에서는 자체적으로 실험수업을 계획해서 실시하고 있으며 초등학교 철학교육도 점차 체계를 잡아가는 중이다. 초등학교 철학교육은 기존 교과과정 안에서 교사가 토론수업을 설계하는 방식인데 이는 특별히 어린이만을 위한 철학은 아니다. 왜냐하면 철학의 정신과 내용은 성인과 아동의 구분 없이 전부 사변思辨하는 철학적 사고를 배우는 것이기 때문이다. 즉 아이들이 기존의 관념에 질문을 던지도록 이끌어주어야 하는 것이다.

2015년부터 프랑스 고등학교 학생들은 주당 2시간씩 '시민과 도덕' 수업을 받아야 한다. 문학, 역사·지리, 철학 과목 선생님들이 이 수업을 맡는데 대개 보강시간으로 활용하는 터라 본 수업의 의미가 퇴색되었다. 그래서 프랑스 공립 고등학교 교사학회에서는 '시민과 도덕' 수업을 철학수업으로 바꿔달라고 호소했다. 그게 어렵다면 철학교사가 정치철학 수업을 해야 '독립적으로 사고하는 시민 양성'이라는 목표를 달성할 수 있다고 주장한다.

현재 프랑스 고등학교의 철학수업 요강은 다섯 가지 분야를 넘나드는 28개 개념으로 나뉜다. 개념마다 고전, 현대, 당대 철학가의 이론이 뒤섞여 있다. 먼저 '나'라는 사람을 체계적으로 인식한 다음 내가 존재하는 세계와 나를 연계시킨다. 수업요강에 등장하는 다섯 가지 분야를 살펴보면 고등학교 철학교육의 목표가 '전인교육'에 있다는 걸 알게 된다.

19세기 프랑스 철학교육의 본래 취지는 사상을 '해방'시키는 것이었는데 21세기인 지금, 고등학교 철학이 정말 청년들의 사상을 해방시켰을까? 교육 일선에 있는 철학교사들은 끊임없이 의문을 제기한다.

철학교육의 본래 취지를 방해하는 첫 번째 요인은 교육요강이다. 아무리 창의적인 철학교사라도 수업시간에 '새로운 개념'을 가르칠 수 없고 '교조적인 지식'을 전하는 데 그칠 수밖에 없다. 현재 교과서에 나오는 공화共和와 세속(정교분리)의 가치는 정치적 개념을 해석하기엔 턱없이 부족하다. 한편 학생들이 지나치게 교사를 숭배하고 학교의 규율만 중시하면 학생과 교사의 관계가 '군신君臣' 관계처럼 변해 사상 해방을 가로막는 걸림돌이 된다.

두 번째 요인은 바칼로레아다. 교사는 반드시 교과서를 가르쳐야 하고 당대 철학가의 관점을 많이 인용할 수 없기 때문에 철학수업에서 당대 철학에 관한 내용을 적게 가르칠 수밖에 없다. 예를 들어 욕망, 가치와 관련해서 프랑스 당대 철학가 미셸 푸코와 질 들뢰즈의 철학 중에 소개하고 토론할 거리가 정말 많지만 학생들은 바칼로레아라는 틀에 갇혀 이것들을 배울 기회가 없다.

세 번째 요인은 언어와 문화적 소양의 격차다. 철학수업은 학생들을 사회문화 계층별로 극명하게 나눈다. 철학용어를 잘 알아듣지 못하고 문학적·예술적 자질이 부족한 학생들에게는 철학수업이 '폭력을 상징하는 것'으로 느껴질 수 있다. 다른 친구들에 비해 자신이 부족하다는 걸 알게 되면서 점점 주눅 들고 엘리트주의 성격이 짙은 철학수업을 원망하기에 이르는 것이다. 이런 상황에서 무슨 사상 해방을 논할 수 있겠는가?

사상 해방은 1년 동안 철학수업을 한다고 해서 달성할 수 있는 목표가 아니다. 다만 철학교사들이 교직 경험을 통해 겸손을 배우고, 학생들에게 스스로 사고하는 법을 가르치려고 노력한다면 그 수업은 굉장히 유의미한 수업이 될 것이다.

프랑스 입시의
첫 시험은 바로 철학

바칼로레아에서 철학문제가 처음 등장한 것은 1809년으로 라틴어 구술시험의 형태로 출제되었다. 그 후 20여 년이 지나 고등학교에서 철학을 가르치기 시작하자 철학은 따로 독립해서 바칼로레아 시험과목이 되었다. 처음에는 일반 고등학교에서만 3학년에게 철학을 가르쳤지만 1968년부터는 직업고등학교에서도 고3 학생들에게 철학을 가르치기 시작했다.

200년 전통을 자랑하는 바칼로레아에서는 원래 프랑스의 '자국어'인 불어시험을 가장 먼저 치렀다. 그런데 1969년부터 바칼로레아 불어시험이 시기를 조금 앞당겨 고등학교 2학년이 끝나고 치러지면서 철학이 자연스럽게 첫 시험과목이 되었다.

그렇다면 왜 역사·지리나 물리·화학이 아니라 철학일까? 여기에는 몇 가지 이유가 있다.

첫째, 철학은 어려워서 생각하고 글을 쓸 때 고도의 집중력을 요하기 때문이다. 철학시험 답안은 적게는 4, 5쪽에서 많게는 10쪽까지 작성해야 한다. 글씨도 또박또박하게 쓰고 시험지도 깨끗한 상태로 유지해야 한다. '화이트 수정펜'이 보급되지 않은 시절에 왼손잡이 학생들은 신경 써서 답안을 작성해야 했다. 까딱 잘못했다간 손에 파란색 잉크가 묻어서 손이 닿는 곳마다 시험지 전체에 잉크가 덕지덕지 묻었기 때문이다. 학생들에게 답안 작성은 고역이나 다름없었다.

그래서 학생들의 정신이 가장 맑고 체력이 넘칠 때 철학시험을 봐야 했던 것이다. 학생들이 다른 과목시험을 다 치른 뒤 머리도 잘 안 돌아가고 펜을 들 힘조차 없을 때 심오한 철학시험을 본다면 틀림없이 말도 안 되는 소리를 써내는 처참한 결과가 빚어질 것이다.

수학, 영어, 물리·화학, 역사·지리처럼 2, 3년간 배우는 과목들에 비해 철학은 고등학교 3학년 때만 배운다. 교사의 역량도 상대적으로 부족한데다 철학교사 인원은 타 과목의 절반에도 못 미친다. 상황이 이런데도 철학교사들은 타 과목과 동일한 양의 답안지를 채점해야 한다. 답안지당 매수도 엄청나게 많은데 말이다.

철학교사들은 평균 150명분의 답안지를 채점하는데 많을 때는 200명분에 달하기도 한다. 이걸 보면 철학교사들이 얼마나 힘든지 짐작할 수 있을 것이다. 철학교사들은 답안지를 읽기 위해 그만큼 더 많은 시간을 투자해야 하기 때문에 바칼로레아 철학시험 감독은 시험이 끝나면 답안지 뭉치를 집에까지 싸들고 가서 채점해야 할 정도다.

프랑스 입시 철학과목에는
구술시험도 있다

바칼로레아에서 언어 과목은 필기시험과 구술시험을 모두 봐야 한다. 불어와 영어를 포함해 독일어, 스페인어, 중국어 등 제2외국어까지 해당된다. 제3외국어까지 시험을 보거나 구술시험만 보는 경우도 있다.

철학은 기본적으로 필기시험만 보며 구술시험은 간발의 차로 필기시험에 불합격한 학생들에게 기회를 주기 위한 재시험이라고 보면 된다. 프랑스는 성적을 20점 만점으로 계산하는데 합격선은 10점이다. 만약 철학 필기시험에서 안타깝게도 8점을 받았다면 7월에 구술로 재시험을 치를 수 있는 기회가 주어진다.

구술시험은 재시험이기 때문에 컨디션이 안 좋을 때 필기시험을 봤던 학생들은 구술시험을 통해 바칼로레아 점수를 끌어올릴 수 있다. 그리고 쓰기보다 말로 표현하는 능력이 뛰어난 학생들은 구술시험으로 학습 성과를 평가하는 게 더 적합한 측면도 있다.

기왕에 재시험 기회를 주는 것인 만큼 구술시험 담당 교사는 학생을 곤란하게 만들지 않고 학생들은 필기시험처럼 정반합의 변증법이나 삼단논법을 사용할 필요도 없다. 철학 구술시험은 수업시간에 다룬 텍스트를 시험문제로 낸다. 고등학교 철학수업에서는 검인정교과서를 쓰기 때문에 교사마다 다루는 텍스트나 철학교재도 제각각이다. 따라서 수험생이 미리 고3 수업자료 하나를 준비해서 구술시험 담당교사에게 주면 교사는 학생에게 해석해야 할 텍스트를 지정하고 20분 동안 준비할 시간을 준다.

구술시험은 20분간 치러지는데 자기 순서가 되면 먼저 문제로 주어진 글이나 철학 작품을 해석하고 해당 작가(철학가)를 소개하면서 그의 논점과 사상의 맥락을 설명한다. 자신 있다면 본인의 다른 견해를 제시해도 좋다. 적어도 10분 동안은 조리 있게 답변하고 출제교사가 질문할 수 있도록 10분 정도 시간을 남겨둔다. 교사가 던지는 질문은 굉장히 광범위하기 때문에 질문이 꼭 수험생이 준비한 텍스트에서 나온다는 보장이 없다. 교사는 다른 철학가의 작품에 대해 질문할 수도 있고 심지어 이렇게 물을 가능성도 있다.

"학생은 올해 그 책들을 읽어봤나요?"

어떻게 하면 구술시험에서 좋은 점수를 받을 수 있을까? 흔히 하는 조언은 '많이 말하라'는 것이다. 말을 길게 하면 구술시험 담당교사가 많은 질문을 할 수 없다. 그리고 지나치게 통속적인 문장 사용을 지양해야 한다. 그냥 아무렇게나 답변하는 것처럼 비춰질 수 있기 때문이다. 구술시험관은 친한 친구가 아니다. 철학 구술시험이 법정에서 하는 변호사의 변론은 아니지만 그렇다고 설렁설렁 치러서는 안 된다.

누가 철학을 가르치는가?
프랑스의 철학교사 양성

고등학교에서 철학교육을 추진하려면 먼저 실력 있는 교사진이 갖춰져야 한다. 내공이 강한 철학교사는 학생들이 바칼로레아에서 높은 점수를 받고 철학적 사고에 대한 열정에 불을 지피도록 이끌어줄 수 있다. 프랑스 철학교사들에게 어떻게 이 길을 걷게 됐는지 묻는다면 대부분의 교사들은 감격스러운 눈빛으로 이렇게 대답할 것이다.

"고3 철학 선생님께 영향을 받았거든요."

프랑스에서는 고등학교 철학교사를 어떻게 선발할까? 쿠쟁은 1830년 고등학교에 철학교육을 보급하면서 고등교원자격증

아그레가시옹, Agrégation을 만들었다. 이후 중등교원자격증CAPES도 생겼는데 현재 둘 중 한 가지 자격증만 소지해도 고등학교 철학교사가 될 수 있다. 학군에서 자체적으로 교사를 초빙해 철학을 가르치게 할 수도 있다. 초빙교사는 최소 석사 이상의 학력 소지자로 심사를 통과해야만 학생들을 가르칠 수 있다. 교직 경험이 풍부하고 교사평가가 우수하면 초빙교사도 편제 내 CAPES 진급심사를 신청해서 정식 공무원이 될 수 있다.

상대적으로 취득하기 쉬운 CAPES부터 먼저 얘기하자면 필기시험과 구술시험 두 가지를 보는데 필기시험은 바칼로레아처럼 4시간 동안 치르는 논술시험이다. 필기시험 형식은 바칼로레아와 비슷한데 응시자는 철학적 지식과 논술 쓰기 실력을 충분히 갖춰야 한다. 기본적으로 철학교사자격시험 답안은 8쪽 이상 작성해야 하는데 10쪽 넘게 쓰면서 또 다른 철학문제를 제기하는 사람도 있다. 필기시험을 통과한 사람들은 구술시험인 현장수업을 하게 된다. 실력이 비슷비슷한 구술시험 응시자들은 현장에서 자신이 수업할 개념을 추첨하고 근처 도서관에서 자료를 찾은 다음 심사위원을 학생이라고 생각하고 시범강의를 한다.

한편 아그레가시옹은 고등교원자격증이다. CAPES 자격증이 있는 철학교사는 편제 내 진급시험을 볼 수 있다. 편제 외 시험은 중등교원자격시험보다 훨씬 더 어렵다. 7시간 동안 필기시험을 보고 추가로 외국어 과목시험까지 치러야 한다. 구술시험도 CAPES보다 어렵다. 일반적으로 고등사범학교ENS 졸업생들만 아그레가시옹을 취득하며 이들은 나중에 대학교에서 강의할 수 있다.

고등학교에서 학생을 가르치는 건 같지만 두 자격증의 가장 큰 차이점은 수업 시수와 봉급에 있다. 아그레가시옹 소지자는 CAPES 소지자보다 봉급은 더 높은데 수업 시수는 더 적다. 그래서인지 수업이 끝나면 많은 철학교사들이 진급을 위해 열심히 공부한다. 진급을 해야 업무량은 줄고 삶의 질은 올라갈 수 있기 때문이다.

철학교사시험의
응시자격은?

프랑스 교육부는 바칼로레아를 치르고 4년간 대학교육을 받은 사람이라면 누구나 철학교사시험에 응시할 수 있고 철학과 학부전공생에 국한되지 않는다고 규정하고 있다. 전기과를 졸업해서 첨단기술산업 분야에 오랫동안 몸담고 있다가 뒤늦게 철학이 내 길이라는 걸 알게 되고, 자신의 풍부한 철학 지식을 청년들에게 전수하며 함께 공유하고 싶다는 생각이 든다면 시험에 응시해서 새롭게 인생을 설계할 수 있는 것이다. 다만 프랑스 교육부는 전공지식과 교학능력 외에도 철학교사라면 넘치는 체력과 건전한 심리상태를 가져야 한다고 요구한다.

철학교사자격시험에 합격하기가 어려운 이유는 선발인원이 제한적이기 때문이다. 프랑스는 모든 해외 속령과 프랑스 외국인 고등학교를 통틀어 철학교사를 1년에 총 30~40명 정도만 선발한다. 학군별로 모집하는 신입교사도 한두 명에 불과하기 때문에 경쟁이 상당히 치열하다. 그래서 프랑스 대학교 철학과에서는 자격시험 대비반 강좌를 개설할 예정이다. CAPES에 뜻이 있는 철학과 석·박사반 졸업생들에게 가장 강력한 라이벌은 프랑스 당대 유명 철학가의 요람으로 알려진 고등사범학교 철학과 출신들이다.

본서에 등장하는 불어용어는 상황에 맞게 번역해서 기존에 번역된 용어와는 차이가

있다. 동사인 philosopher를 '철학적 사고'로 번역한 게 그 예다. 또 problème은 보

통 '문제'라고 번역하는데 본서에서는 '난제'라고 번역했으며 problematiser(동사)

는 '철학적 난제를 구성하다'로 번역했다. problématique, problémation은 대개

문제의식, 문제 집합, 문제제기 등으로 번역하는데 본서에서는 '철학적 난제를 탐구

하는 단계와 과정으로 들어가다'라는 뜻으로 번역했다.

철학적 난제에 대한 문제제기는 사고하고 변증하는 과정이다. 프랑스 고등학교 철학

교육의 핵심은 바로 여기에 있다. 나는 중학생도 이해할 수 있을 만큼 쉬운 번역어휘

로 철학적 난제를 구성해나가는 과정을 설명할 수 있기를 기대한다.

철학책을
어떻게 읽을 것인가?

우리는 프랑스 사람들이 문화적 자양분이 풍부하고 수많은 문화자원이 있는 곳에서 즐겁게 살고 있다는 인상을 받는다. 하지만 프랑스 고등학생들도 철학책을 볼 때면 괴로움에 몸부림칠 때가 있다. 학생들이 토로하는 말을 들어보면 우리 학부모들도 꽤나 익숙한 느낌을 받을 것이다.

"저는 왜 고작 세 줄 읽고 바로 집중력이 흐트러질까요?"

"왜 꼭 마지막 페이지를 읽을 때 내가 내용을 전혀 이해하지 못했다는 걸 알게 될까요?"

"겨우 두 페이지 읽었을 뿐인데 왜 앞 페이지 내용이 기억나지 않는 걸까요?"

"저자가 저한테 억하심정이라도 있는 걸까요? 왜 저는 책을 읽으면서 하나도 즐겁지 않은 거죠?"

"철학책은 왜《해리포터》처럼 재밌지 않은 걸까요?"

철학책이 그렇게 무서운가? 철학책을 어떻게 대하면 좋을까?

| 철학책을 읽기 위한 마음의 준비를 하라

한나 아렌트Hannah Arendt는 해리포터가 아니다. 철학책은 재미없을 수도 있고 성가시며 읽기 힘든 책일 수도 있다는 걸 받아들이자. 사실 힘들게 고생한 뒤에 달콤한 열매를 맛본 적이 다들 한번쯤은 있지 않은가?

철학책은 확실히 버거운 존재다. 넘어야 할 장애물이 많기 때문이다. 전문용어는 많고 일상용어는 적다. 또 개념 설명은 콘크리트처럼 딱딱하고 빡빡하다. 그래서 철학책을 읽고 좌절하거나 몇 줄 읽다가 한숨을 푹 쉬면서 책을 덮어버린다. 더 심한 경우는 머리로 책을 내리치며 플라톤을 아작내지 못해 안달하기도 한다.

그렇다. 철학책은 소설처럼 가볍게 읽을 수 있는 문학이 아니다. 몇 줄만 읽어도 작가를 따라 환상의 세계로 빠져들 수 있는 수월한 책이 아니란 소리다.

철학책은 읽기 힘들다. 우리가 생각해보지도 않았던 내용이 책에 가득하기 때문에 낯설고 어렵다. 그래서 사람들이 철학책을 딱딱하고 어렵다고 느끼는 것이다. 하지만 철학책은 반드시 꼼꼼하고 자세하게 읽어야 한다. 그리고 머릿속에 떠오르는 생각들을 모조리 분해해야 한다. 책에 나오는 개념들을 분명하게 이해해야 제대로 사고하고 변론할 수 있기 때문이다.

| 책상에 앉아 종이와 펜을 준비한 다음 읽기 시작하라

철학책은 신문이나 만화책이 아니기 때문에 침대나 소파에 누워서 읽으면 안 된다. 가장 좋은 방법은 읽으면서 이해가 안 되는 부분에 밑줄을 긋는 것이다. 색깔 있는 펜을 아무거나 하나 고른 뒤 읽으면서 생긴 의문이나 느낀 바를 적으며 본인의 생각을 확장해 나간다. 만약 저자의 관점에 동의할 수 없다면 그 이유를 적는다. 컴퓨터를 이용해 써봐도 좋고 책을 읽다가 가끔 멈춰 생각해보면서 저자와 대화를 나눠도 좋다.

하지만 말이 쉽지 실제로 보면 사람들은 세 페이지만 읽어도 머리가 터질 것 같고 숨쉬기가 힘들어져서 읽기를 포기한다. 철학책 읽기는 등산이나 느린 구보처럼 막 시작했을 때는 무척 힘이 든다. 생애 첫 등산에서 산에 오른 지 10분도 채 안 됐는데 심장박동은

빨라지고 두 다리는 천근만근 무거워지며 가방을 멘 어깨는 쑤시고 줄줄 흐르는 땀 때문에 눈앞이 흐려지는 것처럼 말이다.

철학책을 읽을 때는 맨 처음 세 페이지에 무너지면 안 된다. 그건 시작에 불과하다. 등산할 때 모든 걸음마다 힘을 쏟는 것처럼 모든 문장 하나하나에 힘을 쏟아야 한다. 등산과 다른 점도 있다. 등산을 할 때에는 지름길이 없는 이상 차근차근 걸어갈 수밖에 없는 반면, 철학책을 읽을 때는 꼭 한 페이지씩 차례대로 읽을 필요가 없다는 것이다. 너무 어렵다 싶으면 그 부분은 일단 건너뛰어도 좋다. 읽다가 이해가 안 되더라도 당황하지 마라. 철학책을 처음 읽는 사람이 한 번 읽고 이해하는 건 불가능하다. 이해가 안 되더라도 자신이 멍청하다고 여기면 안 된다. 이해가 되는 문장이나 단락이 있다는 것만으로도 이미 충분히 훌륭하다.

등산할 때 도저히 체력이 안 되겠다 싶으면 무리해서 정상에 오르지 않는 게 좋다. 꼭 정상에 오를 필요도 없지 않은가. 철학책을 읽는 것도 마찬가지다. 머리에 과부하가 걸릴 때는 잠시 읽는 걸 멈추고 이해를 했든 못했든 간에 읽은 내용을 가지고 친구, 선생님, 부모님과 이야기를 나눠보자. 등산할 때와 마찬가지로 이런 쉼이 당신을 계속해서 앞으로 나아가게 만들어줄 것이다.

철학을 배우는 게 아니라
철학적으로 사고하는 법을 배운다

고등학교 철학수업은 프랑스에만 있는 게 아니다. 이탈리아, 스위스, 스웨덴, 독일, 스페인, 헝가리 고등학교에서도 철학을 가르친다. 스페인과 이탈리아 고등학교에서는 필수과목으로 '서양철학사'를 가르치고 독일, 스위스, 스웨덴에서는 철학이 선택과목이라는 점이 다를 뿐이다.

이 중에서 많은 철학가를 배출한 독일에 주목할 필요가 있다. 다른 국가에 비해 독일은 철학수업에서 배우는 텍스트의 양도 많고 난이도도 높다. 독일의 고등학생들은 두껍고 무거운 철학고전을 배워야 한다.

프랑스 고등학교 철학의 특징은 철학이라는 명사 philosophie를 동사인 philosopher로 바꿨다는 것이다. 이는 독일의 철학자 칸트의 "우리는 철학la philosophie을 배우는 게 아니라 철학적으로 사고하는à philosopher 법을 배우는 것이다"라는 말과 일맥상통한다. 다시 말해서 철학이라는 방법으로 문제를 사고한다는 것이다. 철학교육의 목표는 철학전문가를 기르는 게 아니라 모든 사회구성원이 자유롭게 사고할 수 있는 능력을 키워주는 데 있다. 철학을 동사로 바꾼다는 건 바로 이런 의미다.

철학을 동사로 바꾼다는 건 굴착기가 흙을 파내는 것처럼 자신이 가지고 있던 기존의 생각을 뒤엎어서 지금껏 한 번도 생각해본 적 없는 문제들을 파헤쳐내는 것이다. 따라서 고등학교 철학수업은 자신의 생각을 180도로 바꾸는 과정이라고 할 수 있다.

'선택할 수 있다면 자유로운 것인가?', '예술은 과학보다 덜 필요한 것인가?', '교환의 목적은 이익 추구뿐인가?', '법률은 정의를 신장시킬 수 있는가?', '일을 통해 우리가 얻는 것은 무엇인가?', '국가가 없으면 우리는 더 자유로울 수 있는가?'처럼 철학을 동사로 바꾸는 문제에는 표준답안이 없다.

사람들이 의문의 여지가 없다고 생각하는 '도리'에 대해서도 이제는 질문을 던져야 한다. 우리는 이미 이성적으로 질문하는 법을 배웠고 표준답안이 없다는 것까지 알게 됐으니 나와 다른 견해를 포용력 있게 받아들이는 능력을 어느 정도 갖춘 셈이다.

이렇듯 철학을 동사로 바꾸면 고전, 현대, 당대의 사상과 학설이 활발하게 일어날 뿐만 아니라 서로 대화하고 변증하는 가능성이 열리게 된다.

프랑스 학생들은 4시간 동안 8쪽의 논설문을 쓴다

눈부신 속도로 발전하는 인터넷 시대와 소셜네트워크 서비스SNS는 삽시간에 사람들의 생활방식을 바꿔놓았다. 디지털 시대에는 키보드와 말하기가 쓰기를 대체하면서 펜을 들고 글씨를 쓰는 일이 줄어들었다. 그렇게 사람들의 손가락은 연필, 볼펜이나 만년필을 쥐는 법을 점차 잊어버리고 있다.

얼마 전 페이스북은 앞으로 5년 뒤에 '쓰기'가 사라지고 그 자리를 영상이 대신할 거라고 전망했다. 상황을 보아하니 문구 산업이 서둘러 발전 방식을 전환하지 않으면 인터넷 시대에 도태될지도 모르겠다. 5년 후에는 전 세계에서 프랑스처럼 고등학교 철학교육을 실시하는 국가에서만 수기手記로 시험을 보게 되는 건 아닐까?

프랑스의 고등학교 철학이 '어려운' 이유는 자신의 생각을 구성하는 법뿐 아니라 철학적 난제를 구성하는 법도 배워야 하기 때문이다. 이러한 철학교육에서 철학 논술을 쓰는 훈련은 꼭 필요한 과정이다. 꽤 오랜 시간 동안 논술문제의 구조가 지나치게 경직되고 제도화됐다는 문제가 제기되었지만 변증법 논술쓰기를 고집해온 결과 지금은 논술문제가 '프랑스만의 특색'으로 자리 잡았다. 처음에 프랑스에서는 대혁명 정신을 이어받아 아이들을 독립적으로 사고하는 시민으로 키우기 위해 철학교육을 보급했는데, 이는 논술훈련을 통해 사상의 독립을 이룬 것이라고 할 수 있다.

논술문제는 어렵다. 하지만 모든 운동이나 훈련이 그런 것처럼 처음에는 힘들어도 점차 적응할 수 있다.

그렇다면 프랑스식 논술문제라는 게 대체 뭘까? 논술문제는 어떻게 써야 할까? 교사들은 저마다 가르치는 방법을 가지고 있다. 고등학교 철학교사인 프랑수아 씨는 논술문제가 그 자체로 사고를 훈련하는 단계라고 생각한다.

우선 상세하게 문제를 정의해야 한다. 문제에 나오는 글자 하나하나를 분해해보는 것이다.

올해 시험 문제였던 '일이 적을수록 삶이 더 좋아질까?'를 예로 들어보겠다. 일과 생활의 의미를 정의하는 것 외에도 '적다는 건

양이고, 좋다는 건 질이다'처럼 단어마다 의미를 분석해야 문제를 분명하게 이해할 수 있다. 이 문제에서는 일을 하지 말라는 것도 아니고 일의 긍정적인 효과를 부정하는 것도 아니라는 점을 파악해야 한다.

그다음에는 제시된 문제에서 논점을 찾아내야 한다. 예를 들면 이런 것이다.

일이 적으면 왜 삶의 질이 좋아질까?

일이 적다는 건 근무시간이 적다는 것일까 아니면 업무량이 적다는 것일까?

당신은 지금 하고 있는 일에 열정을 가지고 있는가?

일로 인해 당신이 잃을 수 있는 것은 무엇인가?

당신이 일을 통해 얻는 정신적, 물질적 보상은 무엇인가?

삶의 질에는 어떤 것들이 포함되는가?

어떤 요소들이 삶의 질을 좌우하는가?

우리가 원하는 삶의 질은 어떤 수준인가?

소득이 줄어도 삶의 질이 좋아질 수 있는가?

세 번째 단계는 상반된 관점을 분석하는 것이다. 분석할 때는 맥락이 있고 논리에 합당해야 한다. 1년 동안 철학수업을 받으면 학생들은 마르크스나 헤겔의 저서와 같은 철학서를 통해 일에 관련된 이론을 어느 정도 배우게 된다. 그러나 여기에 그치지 않고 자신이 관찰한 것을 바탕으로 자신의 관점을 분석해야 한다. 예를 들어 마침 프랑스 정부가 제정한 신 노동법은 격렬한 사회분쟁을 야기했다. 노동시간, 노사권익과 관련된 문제가 다양한 변론을 이끌어냈다. 이런 시험문제는 사회적 이슈와 맞물려 철학문제를 실제상황에 적용해서 효과적으로 자신의 의견을 개진하게 한다.

결론을 너무 길게 쓸 필요는 없다. 상반되는 논점을 어떻게 종합하는지가 중요하다. 또 문제에 동의할 필요도 전혀 없다. 심지어 문제 자체를 놓고 스스로 문제제기를 해도 좋다. 예를 들면 이런 것이다.

"'일이 적으면 삶이 더 좋아질까'라는 문제가 중요한 까닭은 무엇인가?"

이 같은 논술문제로 시험을 보는 목적은 두 가지다.

첫째, 사고하는 과정을 훈련하기 위함이다. 수험생들은 시험문제가 던진 질문에 대해 먼저 생각해보고 그 질문에서 다루고 있는 논점이 뭔지 찾아야 한다. 철학 시험문제는 거의 다 의문문으로 되어 있다. 찬성 또는 반대라는 간단한 대답을 요구하는 게 아니라 이 의문문을 어떻게 풀어내는지를 보는 것이다.

둘째, 철학지식, 문화적 소양, 역사, 과학, 예술 등 자신이 가지고 있는 지식을 총동원하도록 만들기 위함이다. 자신의 주장을 뒷받침하는 논거는 책에 나오는 내용이나 선생님이 가르쳐준 걸 그대로 가져다 쓰는 게 아니다. 수험생 개인의 지식, 관찰한 내용, 질의, 성찰이 논거에 들어가 있어야 한다.

프랑스 학생들은 어떻게 4시간 동안 6~8쪽에 달하는 논설문을 쓸 수 있는 것일까?

철학교사들은 바칼로레아가 '학습 성과'를 평가하는 시험이나 마찬가지라고 말한다. 평소 수업시간에는 직접 쓰는 연습을 통해 학생들을 훈련시키면서 정반합의 변증법적 사고를 익히고 개개인의 문화적 소양과 지식을 활용하도록 이끌어준다. 그러면서 점차 심화분석 단계로 들어가는데 어떤 학생은 7, 8쪽을 빼곡하게 써낸다. 대다수 학생들은 4시간도 부족하다는 반응을 보인다. 먼저 처음부터 끝까지 쭉 한번 초고를 작성하고 난 다음 시험지에 옮겨 적어야 하기 때문이다. 안 그랬다가는 썼다 고쳤다 해서 시험지가 엉망이 되는 불상사가 생긴다.

적어도 철학과목만큼은 쓰기가 꼭 필요하다. 쓰는 과정이 곧 사고하는 과정이기 때문이다.

논설문제는 그렇게 어렵지 않다. 쓰지 못하는 건 철학적 지식과 문화적 소양이 부족하고 훈련이 덜 돼서 그런 것이다. 교사 프랑수아 씨는 말한다.

"고등학교 철학논술의 공력은 가정에서 비롯되는 측면도 있어요. 17세 학생이 풍부한 문화적 소양과 지식을 가지려면 학부모의 인식이 상당히 중요합니다."

파리 서쪽 교외지역의 한 과학기술 경영관리 고등학교STMG, 타이완의

기술고등학교와 유사에 다녔던 가티엥은 현재 미술공예학원에서 목공설

계를 전공하고 있다. 가티엥은 자신이 쓴 고3 철학 모의고사 답안지

를 보여주었다. 시험문제는 루소의 작품 텍스트를 분석하고 문제를 제

기하는 것이었다. 가티엥은 이 모의고사에서 17점이라는 높은 점수를

받았다.

앞에서는 프랑스 철학교육의 매력에 대해 얘기했다면 이 부분에서는

프랑스 고등학생들의 사변력을 실감할 수 있을 것이다. 여기에서 파란

색으로 표시된 부분은 교사의 의견이다.

교사평가: 잘했어요! 텍스트에 나오는 문장 하나하나를 꼼꼼하게 분석했고 문제제기도 아주 훌륭하네요.

그럼 이제 가티엥의 논술을 감상해보자.

분석할 텍스트는 루소의 저서에서 발췌한 것이다. 루소는 작가인 동시에 우리가 흔히 계몽시대로 일컫는 18세기 철학가다. 당시 많은 철학가들, 특히 프랑스 철학가들은 과학과 이성적 추론을 사용하는 철학을 개척했다. 그들은 이성적이고 문명화된 인간이 자연을 넘어섰다고 믿었다. 볼테르는 자연이 "수학의 언어로 쓰인 위대한 책"이라고 말했다. 이로써 우리는 현대과학을 발견했고 사랑을 포함한 모든 것을 과학으로 설명해야 한다고 여기게 되었다.

갈릴레이

루소의 텍스트는 문명인의 사랑을 논하고 있다. 이 글의 주제는 자연적인 태초의 감정이나 경험에서 비롯된 우리의 선택이 사랑을 이끈다는 것이다. 루소의 텍스트에 대한 가티엥의 분석을 나열해보면 다음과 같다.

첫째, 사랑은 자연적 본능이며 무한하다. 실제로 사랑은 우리가 무의식중에 내리는 선택, 판단과 관련이 있다. 둘째, 우리의 이성과 경험은 선천적이고 자연적인 사랑에 확실히 영향을 미친다. 셋째, 루소는

루소는 이렇게 말하지 않았습니다

사랑과 사람의 관계에서 사랑이 감정의 상처를 낳고 우리는 그 사랑에 눈이 멀어 만신창이가 된다는 것을 논거로 든다. 마지막에 가서 루소는 단순한 사람은 이런 거 저런 거 따지지 않고 한 사람을 사랑할 수 있다는 것을 한 가지 이유를 들어 설명한다.

다음은 문장별로 텍스트를 분석한 내용이다.

'선천적인 본능의 경향은 무한하다.'

경향은 선택할 수 있고 설명하기 어려운 선호選好다. 선천적인 본능과 이성적인 추론은 대립하는데 동물의 반응은 본능적인 것이다.

'이성異性이 서로 끌리는 것은 자연의 섭리다.'

루소는 현실세계를 대략적으로 관찰했다. 그는 자연계만 관찰했고 인류는 대자연의 일부이며 동성 간의 사랑은 절대 불가능하다고 강조했다. 하지만 나는 자연계에서 이미 동성애 사례가 있었지만 그 시대사조에 의해 배제된 거라고 생각한다.

'선택, 선호, 개인의 감정은 모두 계몽시대의 작품이다.'

계몽시대의 작품이란 계몽시대 사상의 집합체를 상징한다. 여기에는 선호하는 이성적 선택이 포함된다.

'습관에서 비롯된 편견들 때문에 우리는 시간을 들이고 서로에 대해 알아가야만 사랑할 수 있는 능력이 생긴다.'

사람들은 첫눈에 반하고 전기가 찌릿찌릿 오는 느낌을 믿지만 루소는 사랑을 키워나갈 시간이 필요하다고 보았다.

'우리는 판단한 후에 사랑을 하고 비교하고 난 뒤에 더 좋아하는 게 생긴다.'

이 비교의 논거는 사실 매우 단순하다. 사람들은 우리가 찬성이나 반대를 하고 나서야 선택을 한다는 데 모두 동의한다. 당연히 사랑에도 동일한 원칙이 적용된다.

'우리는 자기도 모르게 판단을 내리지만 이런 판단들이 실제에 부합하지 않는 게 아니다.'

우리의 잠재의식 속에서 많은 일이 일어나지만 우리에겐 이를 통제할 능력이 전혀 없다.

'사람들이 뭐라고 하든 간에 진정한 사랑은 언제나 사람들에게 영광을 가져다준다.'

오래전부터 모든 언론에서는 사랑이 가장 아름다운 감정이라고 보도했다.

'격분과 흥분은 이성을 잃게 만들기 때문에 사랑은 마음속에 있는 비열하고 파렴치한 생각, 심지어 사랑으로 인해 생기는 나쁜 생각도 배제하지 않는다.'

사랑이 평소 나라면 절대 하지 않을 일을 하게 만들어도 사람들은 사랑에 대해 지극히 높은 평가를 내린다. 이는 잠재적으로 부정적 자아를 초월한 것이다.

'하지만 항상 사랑이 어려운 일을 할 수 있게 만들기 때문에 가치 있다고 가정한다. 이런 가치가 부족하다면 우리는 사랑을 느끼지 못할 것이다.'

사랑은 동시에 어떤 행동들과 긍정적인 사상을 가져온다.

'우리가 이성에 반하여 내린 선택은 사실 이성에서 비롯된 것이다.'

사람들은 사랑과 이해타산적인 선택은 서로 용납될 수 없다고 생각한다.

'사람들은 사랑을 맹목적인 것으로 생각한다. 왜냐하면 사랑에는 우리가 얼핏 볼 수 없는 관계를 보게 만드는 눈이 있기 때문이다.'

'사람들'은 여기에서 자연을 끄집어낸다. 사랑이 맹목적이라는 건 아주 오래된 견해로 사랑은 물리적인 선택이 아니라는 것을 분명하게 보여준다. 오늘날 우리는 사랑이 뇌의 화학작용에서 비롯됐다는 걸 알고 있다. 사랑은 흔적도 없이 사라지는 것들을 보게 만드는 힘이 있다.

'장점과 미감美感에 대해 아무 생각이 없는 사람들은 모든 여자를 다 똑같이 좋아할 것이다. 하지만 그중에서도 처음 마주친 대상은 언제나 가장 사랑스러울 것이다.'

미감이라는 개념은 암묵적인 사회규범 위에 세워진다. 이런 고정관념을 벗어날 수 있는 남자들은 모든 여자가 다 아름답다고 여길 것이다. 루소는 남자의 관점에서 이야기했는데 그렇다면 사랑에 대한 여자의 관점은 다를까?

'사랑은 자연적 천성과 상당한 거리가 있다. 사랑은 경향적인 규범과 구속이다.'

루소가 보기에 사람들의 사랑은 자연의 사랑과 거리가 멀다. 루소는 결론에서 사랑을 인격화했다. 그리고 문명의 규범 때문에 사랑은 결코 순수하지 않으며 사람들이 본능을 억제한다는 걸 보여주었다.

'사랑은 순수하고 자연적인 감정일까?'

'그렇다'고 할 수 있다. 자연에는 오랫동안 순수하고 자연적인 사랑이 존재해왔다. 만약 순수하고 자연적인 사랑이 없다면 우리도 존재하지 않을 것이다. 자연적이고 순수한 사랑이 남자와 여자를 하나로 만들기 때문이다.

동물과 사람은 모두 번식이라는 자연적인 본능이 있다. 그런데 어떤 종은 새끼를 낳지 않고 둘이서만 죽을 때까지 평생을 함께하기도 한다. 예를 들면 제비가 그렇다. 자연 상태의 사랑과 우리가 알고 있는 사랑의 차이는 굉장히 크다. 어쩌면 사랑이란 개념의 정의에 대해 다시 생각해봐야 할지도 모른다.

하지만 사람의 경우를 보면 모든 문명사회와 모든 시대에 사랑이 등장했다는 걸 알 수 있다. 따라서 사랑이 보편적이라는 건 의심할 여지가 없다. 그렇다고 해서 사랑이 순수하고 자연적인 거라고 할 수 있을까? 우리는 합리적으로 사랑이 인류의 발명이라는 생각을 해볼 수 있다. 이 발명은 상당히 인간적인 규칙을 따른다. 어떤 규칙은 모두 공식적이면서 동시에 소외계층을 지원하는 데 도움을 준다. 미성년자 관련 법률이 그 예다. 하지만 우리의 애정관계에 영향을 주는 이러한 규칙은 대부분 관습이나 관례와 같은 것이다.

옛 풍속에서는 나이가 엇비슷한 상대와 사랑에 빠져 결혼하는 게 정상적인 일로 받아들여졌다. 사람들이 사랑하는 법을 안지는 오래됐는데 대개 남자가 여자에게 구애하는 걸 정상이라고 여겼다.

정신적으로 개방된 시대를 사는 우리는 굉장한 행운아다. 우리는 차이점을 비롯해 동성애처럼 과거에는 비정상적이라고 여겨지던 일들을 점차 받아들이고 있다. 하지만 여전히 사랑은 일련의 규칙들이 이끈다. 이런 책임이나 의무는 사랑이 전혀 순수하지 않다는 걸 증명한다.

사랑은 인류가 무료함을 달래기 위해서 발명한 게 아닌가? 왜냐하면 사랑은 그 효용성에 대해 객관적으로 질의할 수 있기 때문이다. 모든 것은 대자연 속에 있지만 다들 한 가지 분명한 이유를 위해서 존재한다. 모기의 경우처럼 그 이유가 좋지 않더라도 말이다.

사랑이 정말 유용한가? 그저 번식을 위해서만 필요한 것일까? 대답은 '사랑은 무용지물'이라는 것이다. 인류만이 무용지물을 발명한다. 이는 자연인의 일부분이다. 그럼 예술, 사랑과 같은 무용지물을 발명하는 이유는 대체 뭘까?

답은 간단하다. 사람들이 무료하기 때문이다. 아무 쓸모가 없는 거라도 우리는 끊임없이 뇌를 움직여야 한다.

이는 사랑이 왜 오락인지를 설명한다. 인류는 사랑을 선천적이고 자연적인 것으로 정의하길 원한다. 하지만 그것은 자신이 특별해 보이고 싶어서 만든 핑계일 뿐이다.

이 거짓말은 진리가 되려고 한다. 모두가 그래야 한다고 믿기 때문이다. 결국 이 거짓말은 진실이 되어 세계의 모습을 바꾼다.

인류의 본능은 사랑이다. 특히 사랑받는다는 감정이야말로 가장 중요한 것이다. 사랑이 선천적이고 자연적이라는 걸 인정함으로써 사랑에 대해 변명하는 이유는 즐거움과 인생의 행복이라는 실용적인 목적을 찾기 위함이다.

어떻게 가르쳐야 할지
모르는 데서 시작한다

린징쿼_{林靜君} 씨는 타이완에서 고등학교 철학수업을
시작한 교사다. 2014년 여름, 린징쿼 씨는 국제인문실험반에 등록
하러 온 난샹고등학교 1학년 신입생들에게 〈좋은 국제뉴스 선집〉
을 보여주며 그 영상에 나오는 뉴스가 익숙한지 아닌지를 스스로
평가하게 했다. 뉴스는 학생들의 주의력을 일깨우고 호기심을 불
러일으키지만 모든 사람이 국제적 사건들을 알고 있는 것은 아니
다. 린징쿼 씨가 학생들에게 말했다.

"우리는 같은 세상에서 살고 있지만 여러분은 이 세상에 대해 아
는 게 별로 없어요. 국제인문실험반은 세상을 보는 시각을 넓혀주려

는 거예요. 사회적 사건들을 식후 화젯거리로 삼는 데 그쳐서는 안 돼요."

학생들은 새로 만들어진 국제인문실험반에 흥미로운 수업이 많다는 걸 알게 되었다. 매주 2시간씩 배우는 철학수업이 그 예다. 100여 명이나 되는 학생들이 국제인문실험반에 신청하면서 린징쥔 씨는 어문능력으로 학생을 선발할 수밖에 없었다.

국제인문실험반이 생긴 지 2년이 되었다. 실험반이 생긴 첫 해에 린징쥔 씨는 지도교사를 맡았는데 그녀가 가르쳤던 학생들이 올해 고3이 되었다. 린징쥔 씨는 다음 기수에서 철학수업 조교를 맡을 예정이다. 국제인문실험반은 타이완 최초로 프랑스 고등학교 철학 수업 정신을 이어받아 전 학년을 대상으로 체계적인 철학수업을 진행하는 학급이다. 린징쥔 씨는 실험반을 만들게 된 연유를 속 시원하게 털어놓았다.

"처음에는 학생들을 데리고 타이완 고등학교 철학추진학회 PHEDO에서 개최한 공개강좌를 들으러 갔어요. 두 강좌를 들었는데 하나는 우정에 관한 거였고 다른 하나는 정의에 관한 강좌였어요. 그런데 강좌를 듣고 나니 학생들의 생각이 바뀌더라고요. 그때부터 학교 측과 상의해서 매주 2시간씩 철학수업을 하기 시작했어요. 학교는 고심 끝에 제가 지도하는 학급 안에 국제인문실험반을 만들었어요. 당연히 일반 교과과정은 그대로 유지했고요.

국제인문실험반에서는 고1 때 인문사상 입문을 배웁니다. 철학 수업의 주제는 미와 추, 득과 실, 옳고 그름, 죄와 벌, 선과 악, 같음과 다름, 유와 무, 자유와 책임, 논리학을 포함합니다.

고2 때는 소논문을 쓰고 고3 때는 인문사상과 관련된 독서지도 수업을 하며 체계적으로 철학서적을 읽기 시작합니다."

● **철학수업은 다른 수업과 어떻게 다른가요?**

철학수업은 학생들이 지식을 탐구하는 사람이라는 걸 긍정한다는 점에서 다른 수업과 다릅니다. 학생들이 문제제기를 하면 우리는 학생의 발언을 통해 그 학생이 현재 어느 정도 수준에 있는지를 판단하고 학생 스스로가 그 주제를 탐색하도록 도와줍니다. 학생들은 교사와 동등한 위치에서 배우는 것이지 교사가 일방적으로 위에서 아래로 가르치는 학습이 아닙니다. 제가 가르쳤던 학생들을 보면 수업을 하면서 자신감을 많이 얻은 것 같아요. 아이들은 타이베이 시에서 랭킹 안에 드는 고등학교가 아니라 조그만 변두리 고등학교를 다니고 있지만 그렇다고 해서 스스로를 깎아내리거나 주눅 들지 않아요. 아이들은 저마다 나름의 생각을 가지고 있고 그 생각들은 충분히 논의할 만한 가치가 있습니다.

우리는 경직되어 있는 지금의 교육모델과 사유논리를 하루라도 빨리 개선해야 합니다. 그 일환으로 철학수업을 실시하면 우리 교육의 토양을 갈아엎을 수 있습니다. 가르치는 교사가 꼭 철학 전공자일 필요는 없습니다. 사고하고 분별하는 능력을 훈련시킬 수 있으면 되는 것이죠. 저는 연구소에서 교과과정과 기획을 공부했지 철학을 전공한 건 아닙니다. 저는 각 과목 교사들이 철학적 사변능력을 본인이 하는 수업과 연계시켰으면 좋겠습니다. 현재 PHEDO는 정치철학을 가르치는데 총 8개 강좌로 나뉩니다. 우리는 이런 강좌들을 통해서 프랑스 고등학생들이 어떤 식으로 정치와 철학을 토론하는지를 알 수 있습니다. 관련 과목 교사들도 철학을 자기가 수업하는 과목과 어떻게 접목시킬지 생각해볼 수 있습니다.

철학 과목은 대학교에서 철학과 교수를 초청해 수업을 하기 때문에 린징쥔 씨는 수업 진행상황을 살펴보고 수업이 끝나면 학생들과 계속해서 토론하며 그들의 필기를 점검한다. 주제당 3주씩 수업을 하고 수업이 다 끝나면 담당교사는 2, 3개 주제를 숙제로 내준다. 린징쥔 씨는 학생들의 숙제를 꼼꼼하게 읽으면서 그 속에 담긴 사유논리를 확인하지만 점수를 매기지는 않는다.

● 어쨌든 예전에 배웠던 거랑 완전히 다른 새로운 수업이잖아요. 학생들에게 어떤 어려움이 있을까요?

우리나라 학생들의 가장 큰 문제는 자발적으로 발언하지 않는다는 것입니다. 철학수업에서는 토론하는 시간이 많은데 발언에 적극적이지 않은 학생들에게 제가 따로 물어봤습니다. 왜 말하지 않느냐고요. 학생들이 그러더군요.

"친구랑 생각이 같으니까요. 친구가 이미 말한 걸 제가 또 말할 필요는 없잖아요."

제가 그랬죠. 생각은 같을 수 있지만 말로 표현하는 건 분명 차이가 있다고요. 별로 차이가 없더라도 남들이 말하지 않았거나 생각하지 못한 걸 네가 말할 수도 있으니까 무조건 말을 하라고 했어요.

또 따라오는 속도가 좀 느린 학생들도 있어요.

"제가 생각하고 있을 때 친구들은 이미 얘기를 하고 있어요."

반응속도가 느린 것은 자극이 적고 받아들이는 게 더 익숙하기 때문이죠. 이런 수업을 좀 더 일찍 시작한다면 반응이 느린 학생들도 훈련을 통해서 비교적 수월하게 토론에 참여할 수 있을 거예요.

"저도 생각이 있지만 어떻게 말해야 할지 모르겠어요."

어휘가 부족하면 표현하기가 어렵기 때문에 반드시 독서를 해야 합니다. 읽는 훈련을 하면 어휘량이 늘고 용어사용이 더 정확해져요. 이렇게 훈련을 하면 쓸데없이 길고 불필요한 말을 없앨 수 있어요.

뿐만 아니라 타이완 학생들은 남과 다른 의견을 말하려고 하지 않아요. 그래서 제가 첫 수업 때 그랬죠.

"철학가의 임무는 남과 다른 말을 하는 것입니다."

하지만 이는 반대를 위한 반대가 아니에요. 다른 사람이 나와 다른 의견을 가지고 있다는 걸 받아들이는 거죠. 그러면 어떤 일에 대해 더 깊이 이해하고 부족했던 지식을 메울 수 있어요. 보다 완전하게 이해하고 논리가 더 명확해질 수 있도록 처음 시작할 때부터 이런 생각을 가지고 있어야 해요.

저는 학생들에게 자주 이야기합니다.

"여러분은 이해 못할 권리가 있어요. 그래서 여러분이 배우는 거예요. 본인만 이해 못했다고 걱정하지 마세요. 이해를 못한다고 그게 본인의 어리석음을 드러낸다고 생각하면 안 돼요. 모르면서 아는 척하는 건 결코 현명한 선택이 아닙니다."

모르는데 아는 척하는 것은 더 큰 무지를 낳을 뿐입니다. 좋은 문제, 나쁜 문제 그런 건 없어요. 다 문제가 될 수 있죠. 내가 생각한 문제도 남들이 생각했던 문제일 수 있어요. 단지 그 사람이 질문하지 않았을 뿐이에요. 질문을 두려워하면 안 돼요. 모르니까 묻고 배워야 하는 거예요.

● **철학수업을 받으면서 학생들이 변하던가요?**

철학수업을 한 뒤로 학생들이 적극적으로 변했죠. 한번은 어떤 학생이 제게 그러더군요. 어떤 선생님은 가르치는 내용도 부실하고 실용성도 떨어진다고요. 그 후 학생들은 구체적으로 어떤 수업이 본인들에게 실용적인지를 적어 교사들에게 참고자료로 제시하기도 했어요.

학생들은 '요구하는 법'을 배웠어요. 더 이상 교사들을 유일한 '신'으로 여기지 않죠. 교사도 사람인지라 능력에 한계가 있어요. 그렇기 때문에 학교 교사에게서만 지식을 추구할 필요는 없는 거예요. 학생들은 다른 곳에 가서 더 많은 걸 찾을 수도 있어요. 어쩌면 이런 걸 불편하게 여기는 교사들도 있을지 모르죠. 하지만 가르치는 입장에서 이건 당연한 거예요. 교사는 만능이 아니니까요. 교사의 권위 때문에 학생들을 교실에 매어둬서는 안 돼요.

철학수업 말고 다른 수업에서도 사고하고 질문하는 걸 위주로 수업해야 해요. 철학수업은 단지 물꼬를 튼 것뿐입니다. 다른 수업에서도 학생들이 사변하는 능력을 훈련할 수 있는 공간을 마련해야 해요. 그럼 철학수업에서 하는 연습과 훈련이 학생들의 능력 향상에 도움이 된다는 걸 눈으로 확인할 수 있어요. 다른 수업도 철학 수업처럼 한다면 분명히 효과가 있을 거예요.

● **린징쥔 씨는 영어교사인데 수업방식이 좀 다른 것 같네요.**

저는 팀별로 토론하고 변론하는 방식으로 영어수업을 진행합니다. 문법을 가르칠 때는 도표를 만들어 설명하지 않고 학생들이 다양한 문장을 관찰함으로써 문법의 공통성을 발견하게 합니다. 영어에는 영어문화의 논리가 있습니다. 중문에는 중문의 언어논리가 있고요. 다른 언어 사이의 표현 차이가 큽니다. 학생들이 영어에 명사가 특히 많다는 걸 발견할 때 왜 구phrase가 그렇게 많은지 이해할 수 있습니다. 그러면 구를 외우는 게 번거롭다고 느끼지 않을 것입니다. 저도 학생 스스로 시제를 관찰하도록 독려합니다. 일찍이 발생했던 일과 미래에 발생할 일에는 어떤 중요성이 있는지 사색하게 만듭니다. 그렇게 점차 그들은 영어가 외계어라고 생각하지 않을 것입니다.

- 우리 학생들은 너무 불쌍해요. 시험에서 만나는 문제들이 전부 객관식, OX퀴즈, 4지선다형, 빈칸 채우기 문제뿐이니…….

이런 시험이 교학을 주도하는 제도 하에서는 아이들이 표준답안을 기대합니다. 만점을 받기를 기대합니다. 만점이 있으니까 그들은 점수를 깎이면 안 된다고 생각합니다. 반면 미국 교학을 보면 절대다수는 ABC를 평가등급으로 삼습니다. 점수를 줘야 하는 시험에서는 주는 점수에 상한선이 없습니다. 미국의 교육은 가점의 사유가 있습니다. 반면 우리는 점수를 깎는 방식입니다. 그래서 아이들은 툭하면 벌을 받으니 실수하는 걸 두려워해요.

- 철학수업을 하는 실험반이 시작된 지 2년이 되었습니다. '제1기' 학생들이 고등학교 3학년에 올라가는데 그들의 학습이 진보했나요? 학부모들은 실험반을 지지하나요?

학생들의 독해능력과 흥미가 올라간 걸 확실히 눈으로 확인할 수 있습니다. 그들은 매우 빨리 핵심을 읽어낼 수 있습니다. 다른 반과 영어수업만 비교해봐도 역시 인문실험반 학생들의 이해력이 더 높다는 걸 알 수 있어요. 그들은 하나를 보면 열을 알고 생각해요.

"이건 저것과 어떤 관계가 있나요?"

실험반 학생들은 비교적 시사에 관심이 많습니다. 하지만 대중의 의견을 그대로 받아들이지는 않습니다. 비교적 쉽게 대중의 일반적인 의견에서 맹점을 간파합니다. 그들은 사회나 학교에서 일어나는 사건 배후의 원인이나 그에 연루된 힘겨루기 요소에 주목합니다.

학부모들은 모두 실험반이 '특색반'이지 우등반이 아니라는 걸 알고 있습니다. 국제인문실험반은 첫 중간고사에서 모든 학급 중 6등을 차지했습니다. 중간보다 조금 뒤죠. 하지만 계속해서 진보하고 있습니다. 읽어야 할 책이 많기 때문에 학생들은 시간을 잘 활용할 줄 알거든요. 학과수업에 쫓기는 게 아니라 그것을 왜 배워야 하는지 알고 있어요.

학부모들은 아이의 자발적인 요구와 노력을 봅니다. 그래서 모두 실험반의 학습법을 지지합니다. 학부모회를 열어보면 학부모들의 긍정을 느낄 수 있어요. 또 학부모들은 우리가 고3 인문도서 목록을 제공해주기를 원합니다. 어느 학부모가 말하더군요. 자기 아이는 공부의 진정한 의미를 깨달은 고2 때부터 책을 굉장히 적극적이고 자발적으로 읽는다고요.

"저희는 아이가 책을 읽는지 안 읽는지 걱정할 필요가 없습니다. 오히려 적절히 휴식을 취하라고 일깨워줘야 합니다."

학생들이 더 일찍 공부하는 이유를 찾을 수 있도록 도와준다면 억지로 공부를 강요할 필요가 없다. 왜냐하면 그들은 자신이 어디로 가야 하는지 이미 알고 있기 때문이다.

철학은 사회진보를 촉진할 수 있는가?
철학은 사람의 품행을 바르게 할 수 있는가?
철학을 배우는 게 본인 또는 사회에 어떤 도움이 되는가?
철학은 생활에 정말 도움이 되는가 아니면 사람을 현실에서
벗어나게 할 뿐인가?

철학을 배우는 것은 단지 오락에 불과하다.
왜냐하면 철학이 주는 답은 너무 미묘해서 마치 환각제를
먹은 것처럼, 온 세상이 끊임없이 뱅뱅 돌아가는 꽃처럼 보이게
만들기 때문이다.

Q: 선생님께 질문합니다.
철학을 배워서 진리를 탐구하면 우리가 무엇을 얻을 수 있나요?
사고능력이 없는 사람은 어떤 존재인 걸까요?

PART 2

프랑스 고등학교의 철학교사들

교실은
전쟁터다

"철학수업의 목적은 독립적인 사고력을 갖춘 시민을 길러내기 위함이지 철학자를 양성하려는 게 아니다."

_빅토르 쿠쟁 Victor Cousin

사고하기 시작할 때
학생들의 눈빛이 맑아진다

내 앞에 앉은 볼레르 여사는 경력이 상당히 오래된 고등학교 철학교사다. 고등학교 교편을 잡은 뒤로 오랜 시간이 지났지만 여전히 학문연구에 힘쓰고 있다. 1년 전 마침내 박사학위를 받았다.

"석사부터 박사까지 참 길었습니다."

철학박사 공부를 마친 뒤 곧바로 CAPES 시험에 응시하지 않은 이유를 묻자 볼레르 씨가 말했다.

"왜냐하면 당시 저는 철학이 진정으로 사고하는 법을 알려주지 않는다고 생각했기 때문입니다. 저는 현실생활과 관련된 일에 종사하려고 했어요.”

볼레르 씨는 일단 박사학위를 ‘주머니’에 넣고 아프리카 세네갈로 건너가 비교문학을 연구했다. 세네갈은 같은 불어권인 덕분에 그녀는 아프리카에 가서야 비로소 진정으로 식민문학을 이해하게 되었고 식민주의에 대한 비판적인 시각이 열렸다.

그 기간 동안 볼레르 씨의 마음속에는 매우 강렬한 외침이 있었다. 결국 그녀는 다시 비교문학을 책장에 꽂아 넣고 간호사 훈련을 받았다. 당시 비영리단체인 ‘세계의 의사들Médecins du Monde’에서 아프리카 자원봉사자를 구했기 때문이다. 철학과 문학은 실생활에 응용하지 못했지만 간호사 일은 인도주의의 일면을 볼 수 있게 해 주었다.

그녀는 앙골라에서 인도적 기구의료단에 참가했다. 자원봉사 과정을 통해 그녀는 식민주의에 대해 바로 보게 되었다.

“인도적 기구 안에서도 식민주의는 그림자를 드리웁니다. 계층의 권력관계는 지금까지 줄어든 적이 없어요.”

의료단에 우수한 현지의사들이 있었지만 그들 역시 백인의사의 지시를 따르고 심부름을 해야 했다.

“단지 아프리카인이기 때문에 그들의 의학전공과 능력은 마치 ‘당연하다는 듯이’ 백인보다 떨어진다고 여기는 것 같았습니다. 게다가 그들은 직무도 자원봉사단이고 의료단은 영원히 백인이 이끕니다!”

아프리카에서 몇 년을 이리저리 돌아다닌 뒤 그녀는 철학과 현실생활에 관한 연구로 다시 돌아왔고 그 후에는 철학교사의 길로 향했다. 학생들에게 비판적으로 사고하는 능력을 길러주고 싶었기 때문이다. 그런 능력을 다음 세대로 이어가는 것에서 희망을 찾을 수 있다고 느꼈다.

"어떻게 사고할까요? 어떻게 당신의 생각을 조직할까요? 그것도 비판적 정신이 있는 사고능력을 말이에요."

볼레르 씨는 프랑스에 돌아와 고등학교 교사자격시험을 준비했다. 필기시험과 구술시험을 다 통과한 후에 그녀는 먼저 북부의 됭케르크 Dunkirk 고등학교에서 철학을 가르쳤고 몇 년 후 파리로 전근했다.

"저는 일반 고등학교에서도 가르쳐봤고 직업고등학교에서도 가르쳐봤어요. 학생의 소질과 흡수력은 기본적으로 비슷합니다."

볼레르 씨는 두 눈이 반짝반짝 빛났고 에너지가 넘쳐 사람들이 철학교사에 요구하는 바에 매우 부합했다. 그녀는 어떻게 9개월 만에 학생들이 철학적 사고를 깨우치도록 만들 수 있을까?

"제 철학수업의 목표는 학생들이 문제를 생각하도록 만드는 데 있습니다. 심지어 학생들이 기존의 생각을 깨트리고 과거에 받아들였던 관점이나 정보에 대해 질의를 시작할 수 있도록 만드는 것입니다."

볼레르 씨의 눈은 좀 튀어나와 보일 정도로 컸다. 그녀는 나를 응시하며 말했다.

"저는 학생들이 '돌이켜 자성하도록' 만드는 게 아니라 학생들에게 세계를 보는 방식을 가르칩니다. 그래서 독립적으로 세계를 보고 사고하며 텔레비전이나 신문과 같은 매체의 평론에 휘둘리지 않게 하려는 겁니다."

● **철학사는 어떻게 가르치나요?**

"저는 학생들이 시대변화와 철학가 사상의 변화(전환)를 이해하도록 가르칩니다. 예를 들면 정치철학 같은 것이죠. 플라톤 시대의 정치사상과 미셸 푸코의 시대는 당연히 다릅니다. 모든 텍스트를 공부할 때는 학생들이 철학가가 그 글을 쓸 때의 시대적, 사회적 배경을 이해하도록 만들어야 합니다. 먼저 아리스토텔레스 시대를 이해해야 그가 쓴《정치학》,《시학》의 배경과 원천을 이해할 수 있어요. 철학사에서 사상의 전환과 변화를 보면 고정불변한 건 없습니다."

"저는 철학수업을 할 때 정치철학에서 시작합니다. 권력과 관련된 모든 것이 예증입니다."

볼레르 씨는 수업요강 중 언어를 예로 들었다.

"여기서 언어란 단순히 언어 그 자체라기보다 언어능력과 언어의식을 뜻합니다. 저의 학생들은 다수가 이민자 자제입니다. 저는 그들이 언어를 이해하도록 도우려고 합니다. 언어를 어떻게 사용하는지 보면 그 사람의 문화적 수준을 알 수 있도록 말이죠. 학생들이 언어 뒤에 숨겨진 권력을 꿰뚫어볼 수 있었으면 합니다."

그녀는 수업시간에 학생들이 발언하도록 격려하고 심지어 요구한다. 처음에는 대부분의 학생들이 이렇게 말했다.

"선생님 말씀이 무슨 뜻인지 알지만 말 못하겠어요. 대답 못하겠다고요."

볼레르 씨는 본인도 답답하다는 얼굴을 한 학생들을 격려했다.

"학기가 끝날 때쯤엔 여러분이 조리 있게 말할 수 있게 되기를 바랍니다."

수업시간에 볼레르 씨는 종교에 관해서 이렇게 말했다.

"이 수업은 여러분이 종교의 권력남용을 이해하게 해줄 겁니다. 우리가 비판하는 것은 종교가 아니라 종교제도입니다."

그녀는 분석의 방식을 사용하는 데 능해서 학생들이 종교 저변에 깔린 정치성, 권력계층과 권력언어를 이해하도록 만들었다.

"정의롭지 않은 법률도 일부 있어요. 예를 들면 불법이민을 대하는 법률 같은 것이죠."

볼레르 씨의 철학수업에서는 자주 사회현실을 의제로 학생들과 토론하고 변론한다.

국가와 사회의 개념에 대해서 그녀가 말했다.

"저는 루소의《사회계약론》과 마르크스의 학설을 교재로 쓰려고 합니다. 국가가 만들어낸 계층문제에 관해서, 특히 식민주의에 관해서는 당연히 푸코의 텍스트가 주가 됩니다. 저는 학생들이 프란츠 파농, 한나 아렌트, 클로드 레비스트로스까지 독서의 범위를 확장하길 바라요."

이때 볼레르 씨의 큰 눈에서 날카롭고 예리한 눈빛이 뿜어져 나왔다. 사실 그녀의 반에는 프랑스의 식민지배를 받았던 나라에서 온 학생이 많다. 그렇지만 이 자그마한 백인 여교사는 학생들을 대할 때 비판적인 기개를 보여준다. 지나치게 조심스러워하기보다는 허심탄회하게 주제를 다룬다.

정치가 언급되지 않는 곳은 없다. '주체'에 관한 수업에서도 정치 얘기는 빠지지 않았다. "알렉시 드 토크빌Alexis de Tocqueville의 텍스트에서는 행복이라는 의제가 통상적으로 정치조작의 대상이라는 걸 알 수 있어요."

수업에서 '주체'라는 개념이 나오면 볼레르 씨는 그것을 욕망으로 확장시켰다.

"바뤼흐 스피노자Baruch de Spinoza를 반드시 읽어야 합니다. 생명의 폭발력!"

"모든 기본개념에는 두 가지 얼굴이 있어요. 반드시 그 안에 있는 차이를 철저하게 분석해서 다뤄야 합니다. 저는 불평등이나 차별을 깨트리려는 시도를 하고 있어요!"

● 학생 개개인의 학습능력이 다른데 어떻게 철학수업을 해야 하나요?
"교실에 들어가는 것은 마치 전쟁터에 나가는 것과 같습니다! 학생들은 당연히 과목이 적을수록 좋겠죠. 그들은 협상을 잘합니다. 그러나 저는 절대 타협하지 않아요."

교실은 전쟁터와 같다. 볼레르 씨의 이 정확한 비유 덕분에 우리는 충분히 상상할 수 있다. 한 반에 30명의 학생들이 있는데 볼레르 씨는 성적이 좋은 학생들만을 대상으로 수업하는 게 아니라 가장 통제되지 않는 학생도 철학적 사고를 시작하도록 만들고 싶어 한다.
"저는 매우 사나워요. 저는 학생들에게 말합니다. '만약 여러분이 책을 읽지 않고 숙제를 하지 않는다면 전 여러분을 가만 두지 않을 겁니다!'라고요."
볼레르 씨는 마치 사람을 잡아먹기라도 할 것처럼 눈을 크게 부릅떴다.
"저는 정시에 수업하려고 애를 씁니다. 교사가 그걸 잘 지키면 학생들도 규칙을 존중하기 때문이죠. 수업을 빼먹고 숙제를 제출

하지 않으면 저는 먼저 학생들에게 경고를 합니다. 그런데도 심각하게 받아들이지 않으면 저는 학교 측에 보고서를 보냅니다. 그러면 학생들은 불려가서 경고를 받게 되죠. 심한 경우 퇴학을 당하기도 합니다. 학생들은 마침내 알게 되죠. 그래도 수업이 가장 편하다는 것을."

볼레르 씨는 프랑스 중등교육의 징계규칙을 충분히 활용했다. 그런데 학생들은 거의 자신을 곤란하게 만들지 않았다. 그녀는 학생들에게 자주 이렇게 말했다.

"이것은 1년의 수업과정이 아닙니다. 여러분들이 평생 마주해야 할 문제이고 논거입니다."

● **학생들이 '철학적'으로 사고하기 시작했다는 걸 어떻게 아나요?**

"눈빛을 보면 알 수 있어요. 학생들이 뭔가 생각을 하기 시작할 때 눈이 초롱초롱하거든요. 저는 그들이 복종하는 눈빛은 조금도 보고 싶지 않습니다."

다른 학교의 교학경험과 비교하면서 볼레르 씨가 말했다.

"예전에 케르크 고등학교에서 가르칠 때 학생 대다수는 중산계급 천주교 가정 자제들이었어요. 그래서 학생들은 제가 종교 안의 권력운용에 대해 얘기할 때마다 항의를 했습니다. 하지만 현재 파리 교구의 학생들은 북아프리카 이민자, 아프리카 이민자, 동유럽 이민자 자제들이에요. 아시아계 학생들도 적지 않습니다."

● **다른 나라에서 온 학생들은 뭔가 다른 점이 있나요?**

"아시아 학생들은 아주 열심히 공부해요. 아프리카 학생들도 나름 애를 쓰고요. 그런데 북아프리카 학생들이 가장 문제가 많아요. 특히 알제리계는 1950~1960년대 알제리 독립전쟁의 상흔을 잊지 않아요. 저는 학생들이 역사적 원한과 증오가 섞인 말을 하는 걸 자주 듣습니다."

● **지금 고2 철학교육을 시범적으로 실시하고 있죠. 고3 때만 철학수업을 하면 시간이 부족한가요?**

"방학을 제외하면 철학수업은 사실 9개월밖에 안 됩니다. 어떤 학생들은 가정환경 탓에 문화적 소양을 쌓는 데 한계가 있어요. 그래서 아마 2년 정도 수업을 하는 게 적합할 겁니다. 하지만 중요한 건 수업시간의 길이가 아니라 교사의 태도와 요구입니다. 학생이 열심히 하지 않으면 3년을 배워도 소용없어요."

● **학생들이 철학수업을 두려워하나요?**

"학생들은 배우고 싶어 해요. 그런데 겁을 내죠. 왜냐하면 비판적인 사고는 하늘에서 떨어지는 게 아니기 때문입니다. 칸트는 '스스로 사고해야 한다'고 말했는데 이는 학생들이 자기의 관점과 의견을 가져야 한다는 뜻입니다. 또한 이를 자유롭게 발휘해야 한다고 격려하는 것이죠. 배운 내용을 가지고 자신의 생각을 발전시켜야 해요. 저는 학생들에게 분기별로 느낀 점을 보고서로 쓰라고 요구합니다. 긍정적인 부분과 부정적인 부분을 다 쓰라고 해요."

"저는 자주 학생들에게 말합니다. 철학은 그렇게 두려운 게 아니라고요. 푸코의 '도구상자' 이론처럼, 철학은 가져다 쓰는 것입니다. 자동차가 고장 나면 수리센터를 찾죠. 사상에 있어서 문제나 난제가 있으면 철학자를 찾아야 합니다. 그런데 그보다 더 중요한 것은 스스로 사고하는 법을 배우는 것입니다."

볼레르 씨는 여전히 눈을 크게 뜬 채로 말했다.

학생들이 자기만의 철학난제를
구성하도록 이끈다

알랭 나즈 씨는 20년간 고등학교에서 철학을 가르쳤다. 원래 프랑스 브르타뉴 주州 캥페르에 있는 고등학교에 재직했었고 2015년에는 인도양의 프랑스령 마요트 섬으로 전근을 갔다. 마요트 섬은 고등학교 편제가 적어서 나즈 씨는 동시에 여러 고등학교에서 학생들을 가르쳤다. 그는 일반 고등학교와 직업기술학교에서 철학과목을 가르쳐왔다. 수업을 하고, 수업준비를 하고, 시험지를 채점하고 남은 시간에는 계속 연구에 몰두하며 박사학위를 취득했다.

바칼로레아 철학과목 시험의 채점을 막 마친 나즈 씨는 오랫동안 관찰하고 가르쳐왔던 소회를 털어놓았다.

● **철학은 다른 과목과 가르치는 게 다른가요? 수업하기 어려운 편인가요?**

철학이라는 학문이 남다른지 아닌지 정말 잘 모르겠어요. 왜냐하면 어떤 과목이든 적어도 학생들에게 수업내용을 이해시켜야 하니까요. 예를 들면 이론적 요소, 논술쓰기 방법과 텍스트 해석 같은 거요. 철학수업은 학생들에게 어떤 학설의 여러 지향점을 그저 인식하도록 가르치는 게 아니에요. 그 학설 안에서 어떤 요소가 철학난제를 구성하는 데 필요한 것인지 이해할 수 있도록 만드는 것이죠. 또는 어떤 요소가 문제에 답하는 근거가 될 수 있는지 알게 하는 거예요.

바꿔 말하면 철학수업에서 교사가 가르치는 학설과 학생들이 배우고 있는 개념은 어떤 철학난제를 분명하게 식별할 수 있을 때 비로소 가치가 있는 것입니다.

철학수업은 각종 다른 학설과 입장을 수집하는 것이 아닙니다. 또한 긍정적인 내용을 전수하는 것도 아닙니다. 철학문제를 파악하는 데 도움이 되는 각도에서 관련 텍스트를 전수하고 우리가 철학에서 소위 말하는 난제나 어려움을 발견하는 데 사용하는 것이죠. 문제를 발견하는 것이든 답안을 찾는 것이든 상관없이 모든 텍스트는 역할을 해요. 동시에 사고력을 향상시킬 수 있습니다.

논술문제든 텍스트 해석이든 간에 가장 중요한 것은 문제의 개

넘입니다. 다시 말해서 이 글은 어떤 난제를 제시하는가? 어떤 답을 제시하는가? 답을 찾는 과정에서 어떤 새로운 난제가 제기되었는가? 나는 또 난제에 대해 어떻게 대답하고 해결할 수 있는가?

따라서 만약 철학교육이 근본적으로 다른 학과와 차이가 있다면 그건 학습의 '성과'에서 찾을 수 있을 것입니다. 철학에서는 또 다른 어려움이 나타날 수 있어요. 오히려 철학적인 난제가 분명하게 드러날 때 철학수업이 이롭고 의미가 있기 때문입니다.

따라서 수업내용(솔직히 말해서 모든 수업이 마찬가지예요)을 기억하기만 해서는 안 됩니다. 또한 단순히 내용의 의미만 파악해서도 안 됩니다. 중요한 것은 내용의 의미 속에 숨어 있는 난제를 찾는 것입니다. 이는 어쩌면 고등학교 철학교육에서 가장 도전적인 부분일지도 모릅니다. 학생들은 교사가 수업한 내용을 확실하게 흡수할 수 있어야 합니다. 또한 자신의 관점으로 바꿀 수 있어야 합니다. 그리고 자신의 관점이 숙제에서 드러나야 합니다. 텍스트 속의 난제를 또 다른 관점으로 제시해야 합니다.

제가 예를 하나 들겠습니다. 학생들은 모두 데카르트의 명언 '나는 생각한다, 고로 나는 존재한다'를 남발합니다. 이 천고의 명언은 명확한 사상적 기반 위에서 사용해야만 비로소 의미가 있습니다. 이는 결코 우리가 사고할 수 있다는 걸 증명하는 게 아닙니다. 따라서 '나는 생각한다, 고로 나는 존재한다'를 사용해서 시간과 공간의 존재를 증명하는 것은 의미가 없습니다. 데카르트의《제1철학에 관한 성찰》에서 '나는 생각한다, 고로 나는 존재한다'는 아마도 '사고할 수 있는 사물'을 가리키는 것이지 근본적으로 사람을 언급하지는 않았습니다.

저는 자주 학생들에게 강조합니다. 철학가의 이치와 명언을 그대로 '복제'할 필요가 없다고요. 스스로 철학적 난제를 구성하고 철학가의 명언과 같은 수준의 문제를 제기해야 한다고 말입니다.

따라서 수업시간에 아주 열심인 학생들은 자신의 철학 성적이 높지 않은 데 실망할지도 모릅니다. 논술 문제를 만들 때 교사가 요구하는 것은 '어떻게 난제를 찾는 단계로 들어가느냐' 하는 것입니다. 우리는 학생들에게 이 사실을 알려줘야 합니다. 텍스트를 해석한다는 건 난제가 있는 부분을 파악하는 것입니다.

바꿔 말하면 학생들은 자신이 알게 된 것에 대해 질문을 던져야 합니다. 교사들이 가르치는 내용은 학생들에게 있어 단지 도구에 불과합니다. 철학에 흥미가 있는 사람은 그것을 가지고 사용할 수 있어요. 이로써 철학적인 난제를 구성하거나 해결할 수 있습니다. 학생들은 수업내용을 활용해서 문제를 제기하거나 해결할 수도 있습니다. 때로는 어떤 철학가의 연구방법을 활용할 수 있고요.

우리는 '전통철학' 속에서 다른 시대 혹은 다른 철학가가 제기한 개념이나 난제를 발견할 수 있습니다. 철학가들이 어떻게 그 많은 철학적 난제를 처리했는지 보세요. 각 연대마다 난제를 새롭게 정의했습니다. 따라서 필연적으로 새로운 해결방법이 있을 수밖에 없습니다. 학생들은 이런 고전을 도구로 삼아 사고능력을 훈련할 수 있습니다.

● 1년 동안 철학수업을 하면서 학생들이 변화하고 성장던가요? 학생들은 철학적으로 사고하는 걸 어떻게 배워야 하나요? 학생들이 해내던가요?

학생들은 고3때 비로소 철학수업을 시작합니다. 교사들은 학생이 수업을 받으며 반응하고 발전하는 모습을 관찰해야 합니다. 어떤 학생들은 처음 시작할 때부터 이 수업에 대한 기대가 큽니다. 그러나 철학수업의 토론이 말하고 싶은 대로 다 말할 수 있는 게 아니라는 걸 알게 되면, 그리고 꾸밈없이 솔직하게 본능적으로 반응하는 것이 아니라는 걸 알게 되면, 충분히 준비해야 하고 먼저 어떤 문제를 처리해서 철학적 난제와 부합하게 해야 한다는 걸 알게 되면 학생들은 극도로 실망합니다. 학생들이 철학수업에 흥미를 느끼지 않는다거나 성적이 좋지 않다는 걸 말하는 게 아니라 실망하는 감정이 생긴다는 것이죠.

실망 얘기가 나와서 말인데, 어떤 학생은 철학수업에서 숙제 때문에 철학에 대한 열정을 잃었습니다. 쓰기 형식의 숙제는 때로는 오히려 학생들의 사고에 부정적 영향을 줍니다. 소위 말하는 좋은 학생들은 철학수업의 게임규칙에 잘 적응하고 즐겁게 놀 수 있습니다. 1년 동안 학생들의 변화를 관찰하면 어떤 학생은 사고가 세밀하게 변하고 어떤 학생은 오히려 기계적인 문제풀이 방법에 부합하기 위해서 자신의 생각을 억제합니다. 그러면 그 학생 고유의 사고도 시험지에 드러나지 않게 되죠.

저는 철학적 사고를 배우는 학생들과 철학 시험지 작성법만 배우는 학생들을 구분할 수 있습니다. 전자는 끊임없이 탐구하고 수업 중에 제기된 문제들을 통해 정확하게 철학적 난제를 발견하는 길로 나아갈 수 있습니다. 또한 자신이 읽은 철학서에서 제기한 갖가지 난제에 대해 사고할 수 있습니다.

여기에서 주의해야 할 점은 어떤 철학가의 입장이나 결론을 섣불리 찬성하거나 반대해서는 안 된다는 것입니다. 비판적인 태도로 철학가의 이론을 이해해야 합니다. 이런 학생들은 철학습작을 하면서 점차 깊이 있는 분석으로 나아갈 수 있으며 텍스트 속에 숨겨진 난제들을 찾을 수 있습니다. 또는 그들이 전에는 알지 못했던 난제를 이해하려고 시도할 수 있습니다.

저는 학생들이 바칼로레아 유형을 연습하면서 철학적 사고를 배울 수 있다고 말하는 게 아닙니다. 바칼로레아 형식이 꼭 모든 사람에게 적합한 것은 아니기 때문입니다. 일부 학생들은 바칼로레아 논술변증이나 텍스트 논평 연습 덕분에 철학적 사고의 태도를 갖게 되기도 합니다. 어떤 철학 텍스트나 깊이 있는 주제는 학생들이 흥미를 느끼고 분석하도록 만듭니다. 그렇기 때문에 학생들이 이해하지 못하거나 헛수고한 듯한 연습도 나름 의미가 있는 것입니다.

저는 일부 학생들은 1년 동안 철학적 사고를 충분히 배울 수 있다고 생각합니다. 그 학생들의 바칼로레아 성적은 그리 높지 않을 수도 있고 어쩌면 그들의 사고분석 능력이 그다지 성숙하지 않아서 논거가 불완전해지는 결과가 나올지도 모릅니다. 그러나 논술을 아주 잘 쓰는 학생들은 바칼로레아 성적은 만족스러울지 몰라도, 그렇다고 해서 진정 철학적 사고능력이 있다고 볼 수는 없습니다. 물론 그 학생들이 쓴 글의 구조와 논거능력은 매우 뛰어납니다. 공도 많이 들였고 수업도 열심히 들었기 때문입니다.

● **자주 인용하는 철학가는 누구입니까?**

그 해 교과계획을 봐야 합니다. 제가 흥미를 느끼는 철학가는 플라톤, 루소, 칸트, 니체, 푸코입니다. 이 철학가들의 논점은 그렇게 복잡하거나 난해하지 않습니다. 게다가 조금도 교조적이지 않아요. 그래서 저는 충실하게 다각도로 그 철학가들의 사상을 설명할 수 있습니다.

우리는 학생들이 자신만의 철학적 난제를 구성하도록 이끌 필요가 있습니다. 그들이 철학교조만 맹목적으로 따르도록 하는 게 아니고요. 그들에게 필요한 것은 철학가와 적당한 거리를 두는 존중입니다. 어떤 철학가는 너무 위대해서 학생들은 그 위대함에 위협을 느낍니다. 큰 나무 밑에 있으면 광선이 부족해 영양부족이 되는 것처럼 사상이 빈약해집니다.

게다가 플라톤, 칸트, 루소의 철학논점은 바칼로레아 시험문제로 자주 등장합니다. 이 세 철학가를 가르치면 수업과 바칼로레아와의 거리가 좁아집니다. 한편 니체는 플라톤이나 칸트의 시각을 완전히 뒤엎습니다. 바로 장력張力을 도입한 것이죠. 이것은 학생들의 사고를 풍부하게 만들어줍니다. 예를 들면 칸트와 니체의 도덕론, 플라톤의 초월성, 니체의 내재성 등을 가르쳐요. 저는 매년 교과계획에 따라 기존 체제를 뒤집는 철학가의 사상을 집어넣습니다.

저는 철학적 난제를 구성하는 방면에 있어서 푸코가 가장 유용하다고 생각합니다. 예를 들면 실성(광기), 감옥, 성의식과 같은 문제들이 있죠. 이는 철학수업에서 없어서는 안 되는 부분입니다. 고3 문과 학생들은 매주 8시간씩 철학수업을 받습니다. 그래서 제가 푸코의 방법학을 활용할 시간은 충분히 있어요. 학생들에게 정치 분야의 난제를 구성하는 연습을 시키기에 충분한 시간이죠.

저는 학생들이 고전 텍스트를 힘들게 읽는 것보다 차라리 푸코의 철학논점으로 학생들을 틀에서 벗어나도록 만드는 게 낫다고 생각합니다. 나아가 우리 시대의 정치문제를 추구하고 탐구하도록 말이죠. 특히 우리 사회나 주변의 정치문제들이요. 이 밖에 욕망, 자유, 주체성 개념과 관련해서도 푸코의 효용가치는 무궁무진합니다.

● **그동안의 경험에 비춰볼 때 어떻게 하면 학생들이 철학을 좋아하게 만들 수 있을까요?**

제 수업에서 제기하는 문제와 주제는 다른 과목과 다릅니다. 이런 차이는 학생들이 철학에 흥미를 갖도록 만들기에 충분합니다. 저는 학생들이 가장 흥미를 느끼는 주제가 주요 과목과 거리가 먼 소재라는 데 주목합니다. 수업환경이 변화하면 학생들이 신선한 호기심을 느낄 수 있습니다.

이 밖에도 철학수업에는 표준답안이 없습니다. 논거가 충분하고 설득력만 있다면 모두 주제에 맞는 답안이 될 수 있습니다.

학생들은 철학수업을 좋아합니다. 철학의 문제에는 금기라는 게 없으니까요. 물론 다른 과목의 문제에도 금기가 있어서는 안 됩니다. 수업시간에 토론했던 예를 하나 들어보겠습니다.

"'나치수용소의 가스실이 존재하지 않는다'고 말할 수 없는 이유는 뭔가요?"

수업시간에 우리는 이 문제로 법률이 역사부정론을 금지한다는 것에 대해 토론합니다. 이런 문제는 수업요강에 나오는 역사개념과 연결됩니다. 역사부정론과 역사수정론의 경계를 어떻게 사고하는가. 학생들은 평상시에 거의 제기하지 않는 문제들을 철학수업에서 토론할 수 있어요. 우리는 학생들과 함께 이런 문제들을 철학적 난제로 전환해요. 그러면 학생들은 난제를 구성해야 이런 문제들에 흥미를 잃지 않고 생각해볼 기회가 된다는 걸 알게 되죠.

학생들이 철학을 좋아하도록 만들려면 그들이 토론하고 싶은 문제를 제시해줘야 합니다. 수업에서 진정한 철학토론이 이루어지려면 학생들의 기대를 저버리면 안 됩니다. 만약 학생들이 제기한 문제를 토론하지 않는다면 자신이 제기한 문제가 중시되지 않는다고 느끼고 철학에 흥미를 느꼈다가도 의기소침해질 수 있거든요.

● **철학을 이해하는 데 있어서 학생들이 가장 어려움을 느끼는 부분은 무엇입니까?**

주된 어려움은 아마도 철학의 '실용적 가치'를 어떻게 가늠하느냐일 것입니다. 우리가 제기한 문제에 대해 한 번도 생각해본 적 없는 학생들이 있습니다. 이런 문제들은 그렇게 중요해 보이지 않기 때문입니다.

가르치면서 가장 큰 도전은 아마도 어떻게 하면 학생들이 난제를 구성하는 것이 무엇인지를 이해하도록 만드느냐일 것입니다. 그들이 보기에는 중요해 보이지 않는 문제에 왜 그리 중요한 의미가 있을까요?

또 다른 어려움은 개인의 철학적 입장과 단순한 의견 사이의 경계를 아는 것입니다. 시험지를 채점할 때 논거구성이 조리 있고 분명하지만 마지막에 가서 결론이 무너지는 시험지를 자주 발견합니다. 어떤 학생은 결론에 이렇게 적기도 합니다.

"어쨌든 나는……라고 생각한다."

'어쨌든'이라는 단어는 앞에서 말한 모든 논거를 완전히 훼손하는 것입니다. 마지막에 단순한 개인의 의견 전달만 남는 것이죠.

수업요강과 관련된 어려움도 있습니다. 일반 고등학교에서는 배워야 할 개념이 많고 그것이 꼬리에 꼬리를 물고 이어집니다. 학기가 끝나기 전에 그걸 다 배우고 동시에 그 개념과 관련된 지식을 분명하고 완전하게 전달해야 합니다. 그런데 실컷 철학난제 수업을 준비해도 학생들은 바칼로레아 성적에 도움이 되는 소재에만 집중하는 경우도 있죠.

● **학생들이 보통 어떤 개념에 관심을 갖던가요?**

대답하기 어려운 질문이네요. 어떤 학급인지, 어떤 시기인지를 봐야 합니다. 왜냐하면 어떤 주제들은 어떤 시기에 어떤 학급의 학생들에게는 특별히 무겁게 느껴지다가 또 어떤 시기에는 괜찮아지기도 하니까요. 다만 문과 학생들은 줄곧 지식의 개념에 흥미를 느낍니다.

저는 학생들이 수업시간에 토론에 불을 지필 수 있는 개념을 선호합니다. 일반적으로 흥미를 느끼는 개념은 욕망, 자유, 예술, 언어 같은 것인데 전혀 의외의 결과가 나타날 때도 종종 있습니다.

저는 어떤 개념이 학생들에게 적합한지 교사들이 자유롭게 판단하도록 꾸준히 노력하고 있습니다. 수업요강 교과서에 제한을 받을 필요는 없어요. 학생들이 분명하게 이해하려면 개념들을 몇 번 수업해야 할지 교사들 스스로 결정합니다.

● **그럼 학생들이 어떤 개념을 어려워하나요?**

그건 예측하기 어렵다는 걸 다시 한 번 강조합니다. 학급이 다르고 저마다 어려워하는 개념이 다르니까요. 개념들이 서로 밀접하게 연결되어 있어서 어떤 개념에 문제가 특별히 많다고 말할 수 없습니다. 특정 분야의 두세 개 관련 개념들은 이해하기 어려운 편이긴 하지만 정확히 어떤 개념이 이해하기 어렵다고는 말할 수 없습니다.

물론 철학의 개념이 어렵지 않다는 뜻은 아니에요. 하지만 어려움을 해결함으로써 난제를 구성하는 방법을 찾을 수 있죠. 두 개념이 한 부분에서 하나로 뒤엉킨다? 이것 역시 개념이 너무 많아서 생기는 문제입니다.

● **학년을 마무리할 때쯤이면 대체로 학생들이 철학을 좋아하던가요?**

단정하기 어렵습니다. 왜냐하면 학년이 끝날 때 학생들은 어느 정도 추억의 정이 생기니까요. 게다가 고등학교에서 보내는 마지막 1년이라 아쉬움이 크죠. 그래서 좋은 감정을 가지는 게 비단 철학수업만은 아니에요.

생각해보면 학생들이 철학을 좋아한다고 말할 수 있을 것 같네요. 정말로, 학생들은 좀 더 일찍 철학수업을 시작했어야 한다고 말합니다. 왜냐하면 1년은 철학의 문제제기를 이해하기에 짧은 시간이기 때문입니다.

고등학교 3학년 때 철학수업을 하기 때문에 고3이라는 특수한 환경에 영향을 받는다고 생각합니다. 만약 바칼로레아가 문제 작성 형식을 지금처럼 엄격하게 요구하지 않는다면, 학생들은 철학수업을 더 좋아할 것입니다. 철학은 그 자체로 사고와 문제의 근원이기 때문입니다.

결국 제가 하고 싶은 말은, 비록 철학교육 체계에 많은 규범과 요구가 있지만 학년이 끝날 때쯤엔 학생들은 철학을 좋아하게 된다는 거죠.

● **어떻게 하면 학생들이 철학적 사고의 중요성을 알게 할 수 있을까요?**

겨우 몇 번 수업을 받고 전혀 못 알아먹겠다고 말하는 학생들, 그리고 왜 이 새로운 수업을 들어야 하냐고 질문하는 학생들에게 저는 들뢰즈의 말을 인용합니다.

"만약 철학이 전혀 쓸모가 없다고 생각한다면 배우지 마라."

학생들은 그 말을 들으면 재미있어합니다. 제가 이렇게 말하는 게 학생들에게 철학을 배울 것인지 안 배울 것인지 선택권을 주는 거라고 느껴요. 하지만 저는 계속 학생들에게 최선을 다해서 수업에 임하라고 요구합니다. 그리고 계속 얘기해줘요. 모든 사람이 꼭 철학적 사고를 해야 하는 것은 아니다, 철학적 사고를 안 해도 우리는 잘 살 수 있다고요.

제 경험을 얘기해볼게요. 전 철학이 우리의 존재감을 높여주고 삶의 경험을 더 선명하게 만들어준다고 생각합니다. 그렇기 때문에 철학적 사고를 군이 박탈하려는 게 너무 안타까워요. 결론은 철학이 우리 존재에게 주는 이로움을 이렇게 쉽게 포기한다는 것이 너무 안타깝다는 것입니다.

저는 학생들이 판단하도록 질문을 던집니다.

"바칼로레아에서 좋은 성적을 거두는 것 말고 철학이 우리에게 대체 무엇을 가져다줄 수 있을까?"

저는 이렇게 철학을 바칼로레아의 틀에서 끄집어냅니다. 아니면 학생들에게 제 수업은 어느 정도 바칼로레아의 틀을 벗어난다는 걸 이해시켜요. 이런 상황에서 저는 다시 푸코의 이른바 '자아의 기술'로 수업을 진행합니다.

● 어떻게 학생들이 수업시간에 토론에 참여하도록 독려합니까?

고등학생이 수업시간에 토론에 참여하도록 만드는 건 정말 어렵습니다. 특히 고등학교 3학년은 더해요. 학생들을 분명한 토론의 범위로 이끌어야 합니다. 학생들이 자신의 말이 주제에서 벗어날까봐 걱정하지 않을 때 비교적 토론 분위기로 끌어올 수 있습니다. 나아가 태연하게 개인의 경험으로 문제에 답할 수 있으면 좋겠죠.

철학수업에서 토론할 때 영화는 좋은 도구입니다. 영화에 관해서는 학생들이 주저 없이 감상을 말하거든요. 지난 학기에 행복이란 개념에 대해 얘기할 때 저는 자크 데미의 영화 〈셰르부르의 우산〉을 참고해 학생들의 열렬한 반응을 이끌어냈습니다. 여자주인공의 행동에 대해 얘기할 때 남학생과 여학생이 느낀 바가 하늘과 땅처럼 달랐습니다. 남학생들은 남자주인공이 알제리로 떠나 1년간 전쟁을 치르는 사이 여자주인공이 다른 사람과 결혼한 걸 보고 남자친구를 배신했다며 그녀를 비난했습니다. 사랑에 충실하지 않았다고요. 그런데 여학생들은 여자주인공을 변호했습니다. 여자주인공 어머니가 딸이 안정적인 남자와 결혼해야 인생이 행복하다고 생각했기 때문이라는 거죠.

두 진영이 팽팽하게 맞서는 게 아주 볼만했습니다. 저는 학생들이 허심탄회하게 이야기하고 마음껏 변론하도록 했습니다. 변론의 열기가 고조될 때 약간의 도움말을 해줬고요. 저는 이런 방식으로 행복의 개념을 배우는 수업을 했습니다.

이 밖에도 이탈리아 감독 루치노 비스콘티의 영화 〈베니스에서의 죽음〉은 토마스 만의 동명소설을 각색한 것으로, 저는 이 영화를 이용해 사랑, 미(아름다움), 예술의 개념을 토론했습니다.

1929년 러시아 감독 지가 베르토의 무성 다큐멘터리 〈카메라를 든 사나이〉는 제가 예술개념에 대해 수업할 때 종종 써 먹는 소재입니다.

또 저는 수업에서 이탈리아 감독 피에르 파올로 파졸리니가 1967년 발표한 〈오이디푸스 왕〉을 소개하는 걸 좋아합니다. 이 영화를 이용해 그리스 신화 속 인물인 오이디푸스의 인격을 토론하면서 지그문트 프로이트가 정신분석에서 자주 사용하는 '오이디푸스 콤플렉스'를 설명합니다.

캥페르의 고등학교에서 수업할 때는 의식과 잠재의식의 개념에 관해 다음과 같이 해석했습니다.

'내가 무의식 상태에서 한 일에 대해서도 반드시 책임을 져야 합니까?'

먼저 우리는 〈지킬박사와 하이드〉라는 영화나 원작소설을 보며 기억과 의식의 문제를 분석합니다.

'우리는 정말로 자신을 속일 수 있나요?'

히치콕의 영화 〈스펠바운드Spellbound〉를 보세요. 그것은 개인의 심리에서 정치사회로 가는 상황을 보여줍니다.

'도대체 의식이 분명하다는 건 어떤 의미인가요? 당신은 자신이 무엇을 하고 있는지 아나요?'

니체는 의식은 개체존재의 근거가 아니라고 생각합니다. 군집동물이 필요로 하는 것이죠. 개체의식과 군체群體의식에 대한 분석은 에밀 뒤르켐과 마르크스의 학설에 비교적 많습니다.

영화에 대해 토론을 하면 학생들이 토론에 참여하려는 의지가 높아집니다. 그리고 수업요강에 나오는 개념으로 순조롭게 들어갈 수 있죠. 그러면서 그 개념과 관련된 텍스트와 철학가의 논점을 가르칩니다. 대부분의 학생은 매우 빨리 몰입하고 철학에 친숙해집니다. 학생들이 논거를 들게 하는 것이 어려운 게 아니에요. 증거를 제시하는 과정이 사실 매우 재미있는 거라고 생각하게 만드는 게 어려운 거죠.

● **철학난제를 구성한다는 건 고등학생에겐 어려운 일인가요?**

앞에서 여러 번 이야기했듯이 철학수업의 전체 과정은 철학난제를 구성하는 것과 관련된 것입니다. 문제에 대답만 하는 것으로는 부족합니다. 만약 어떤 의제에 대해 긍정만 하고 아무런 문제를 느끼지 못한다면, 즉 철학난제가 없다면 그 답안은 진정으로 문제를 해결한 게 아닙니다. 철학난제를 구성하는 어려움은 사실상 학생들이 철학적으로 사고하도록 이끄는 어려움을 말합니다. 철학난제와 철학적 사고는 거의 서로 연결되어 있습니다.

그러나 철학난제를 구성하는 것도 전부 또는 제로의 문제가 아닙니다. 학생들은 대부분 약간은 이해합니다만 여전히 난제를 완벽히 구성하는 정도에 도달하지는 못해요. 하지만 그렇다고 해서 전혀 이해하지 못했다고 말할 수는 없습니다. 핵심은 그들이 난제를 구성하기 시작했다는 데 있다고 생각합니다. 정도의 차이가 있을 뿐이죠.

● **수업 중에 훌륭한 변론이 나옵니까?**

당연히 있습니다. 제가 좀 전에 언급했었던 자크 데미의 영화가 좋은 예입니다. 저는 열심히 학생들을 이끌어 그들의 변론에 한결음씩 깊이를 더합니다. 게다가 학생들이 열심히 하기까지 하면 그들의 의견은 변론과정을 따라 더 세밀해집니다. 예를 들면 "기왕에 그렇다면 우리는 이렇게 질문할 수 있지 않을까요? 만약……" 또는 "당신의 생각은요?" 하는 식으로요.

하지만 실망스러운, 심지어 저를 낙담하게 만드는 변론이 등장할 때도 있습니다. 저는 학생들이 충분히 의견을 표명하고 심지어 교사인 저의 관점에도 도전할 때 좋은 변론이 나올 수 있다고 생각해요. 우수한 변론을 방해하는 최대의 적은 학생이 주제에 무관심하고 무감각한 것입니다.

● **철학을 가르치면서 학생들에게 주고 싶은 건 무엇입니까?**

오랫동안 학생들을 가르치면서 저는 겸손을 배웠습니다. 1년 동안 이 수업을 들으며 굉장한 깨달음을 얻고 영향을 받은 학생이 있었습니다. 철학에 더 큰 열정이 생겼고 이후 철학의 길을 가게 됐어요. 교사들은 학생들이 앞으로 어떤 사람이 될지 알 수 없어요. 또 다른 반에도 이런 학생이 있을지도 모르고요.

철학수업은 바칼로레아를 대비하는 형태를 뛰어넘어 철학을 탐구하는 방향으로 나아가야 합니다. 이 모험의 길은 그다지 오래 걸리지 않을 수도 있습니다. 제가 할 수 있는 건 대개 이런 정도에 불과합니다. 금방 언급한, 철학적 깨달음을 얻고 나중에 철학을 전공한 학생이 제게 이런 말을 했습니다.

"선생님께서 행복이라는 개념을 설명하실 때 발터 벤야민을 인용했는데 당시 전 마르셀 프루스트의《잃어버린 시간을 찾아서》를 읽고 있었거든요. 프루스트의 추억을 벤야민과 연계하면서 매우 감동받았어요."

이런 식으로 철학을 탐구하는 그의 열정에 불을 지필 수 있었죠. 학생이 철학수업이 지루하다고 느끼지만 않는다면, 이 수업이 그들의 호기심을 불러일으킨다면 전 그걸로 만족합니다.

이 밖에도 저는 '부정적인' 방식으로 그들을 가르칠 수 있기를 바랍니다. 프랑스의 교육정책은 반기독교 공화사상과 교권을 배제한 세속적 가치를 강조합니다. 하지만 저는 이런 이데올로기를 가르치지 않아요. 그렇잖아도 저는 방금 바칼로레아 시험문제를 다 채점했는데요. 마요트 섬의 학생들이 신(또는 진실)을 언급할 때 신이 존재하는지, 존재하지 않는지 가정하기보다는 논증을 할 때 신을 근거로 삼는다는 걸 알게 됐습니다. 이 점은 저를 안심시켰어요. 적어도 프랑스의 작은 섬에서 시행되는 교육이 정교분리라는 이데올로기를 주입하지는 않으니까요.

● **철학수업이 학생의 정치·사회적 입장이나 종교적 입장에 영향을 주나요?**

학생의 견해, 특히 정치적 입장은 대개 가정과 사회계층에서 비롯됩니다. 저는 그들의 입장을 바꾸진 못합니다. 하지만 저는 그들에게 창 하나를 열어주려고 시도합니다. 그들이 다른 입장과 이유에 귀를 기울이게 하고 어떤 일을 판단하는 게 그리 간단하지 않다는 걸 이해하도록 만드는 것이죠.

● **철학과 상극인 학생도 있다고 생각하나요?**

그런 일은 없어요. 만약 학생이 철학수업을 싫어한다면 교사가 수업하는 방식이 그와 맞지 않아서일 겁니다. 현재 수업요강과 시험제도는 가르칠 내용을 제한합니다. 그런 점이 철학에 대한 학생의 흥미에 영향을 줄 수 있습니다.

물론 어떤 학생은 시작하자마자 철학수업을 배제합니다. 그러나 이런 학생들이 철학과 맞지 않다는 뜻은 아니에요. 그들의 자아가 철학의 바깥에 묶여버린 것이죠. 특정 학생은 철학과 맞지 않는다고 생각하지 않아요. 아마도 수업방식이 학생들이 철학을 좋아하거나 싫어하게 만드는 거겠죠.

바로 이 점 때문이에요! 철학교사는 학생들이 철학을 이해할 수 있도록 사고를 밀집시키는 교육방식을 개발해야 합니다.

마요트 섬

마요트(Mayotte)는 인도양 모잠비크 해협 근처에 있는 섬으로 코모로 제도의 4개 섬 중 하나다. 면적은 374제곱킬로미터, 16세기부터 이슬람교도와 천주교도들이 한곳에 섞여 살았는데 현재는 이슬람교도가 인구의 절대다수를 차지한다. 마요트 섬은 1843년부터 프랑스 식민지였다. 1958년 식민정부가 물러가고 1974년 코모로 제도에서 국민투표를 실시했는데 다른 섬들은 독립했지만 마요트 주민들은 프랑스의 해외 영토로 남는 쪽을 선택했다. 2009년 3월 마요트는 국민투표를 실시했고 2011년부터 프랑스의 101번째 도(道)인 데파르트망(광역도인 레지옹 다음으로 규모가 큰 행정 단위)이 되었다.

마요트 섬은 산호초로 둘러싸여 있고 기후가 알맞다. 주민의 절대다수는 이슬람교도이며 서북쪽으로 인접한 아기옹(Aghion) 섬과 왕래가 빈번하다. 아기옹 섬은 1974년 독립한 뒤 정변이 끊이질 않고 사회폭력과 충돌도 날로 늘었으며 경제는 사회불안으로 점점 쇠퇴했다. 마요트가 프랑스 데파르트망이 된 이후로 아기옹 섬의 사람들이 끊임없이 유입되고 있는데 마요트 지방정부에는 불법이민자들을 쫓아낼 정책이 없다. 그래서 바다 위 풍랑을 무릅쓰고 온 아기옹 사람들은 무사히 육지에 오른 뒤 도처에서 거처를 찾아 생계를 도모하고 있다. 현재 마요트 섬에서 태어난 주민은 65%이며 아기옹 사람은 약 30%를 차지한다.

쓸모가 없기 때문에
철학이 중요하다

교사 뒤퓌 씨는 현재 프랑스 북부 릴Lille에 있는 일반 고등학교에 재직하면서 고등사범학교 대학 예비교육과정을 준비하고 있다. 그는 일반 고등학교에서 철학과 문학을 가르친다. 대학 예비교육과정에서는 영화와 철학을 가르치며 동시에 고등기술전문교육학교에서 문화를 가르친다.

6, 7년 전 그는 체코의 브르노대학 언어학과의 초청으로 논술문제 방법학에 관한 연구에 참여했다. 이것은 학과를 뛰어넘는 연구 실험 커리큘럼이었다. 그는 프랑스의 고등학교에서 철학 논술문제를 만드는 방법을 설명했고, 철학적 사고를 배운 미래의 언어학자

들은 어떤 어문학적 사고를 할 것인가를 연구했다. 뒤퓌 씨의 실험 수업은 체코 학생들의 환영을 받았다. 그가 가르친 논술문제 중에는 다음과 같은 것들이 있었다.

우리는 신체의 해방을 누릴 수 있는가?

누군가를 징벌할 권리는 누구에게 있는가?

열정이 우리를 현실에서 멀어지게 만드는가?

뒤퓌 씨가 말했다.

"저는 적막한 프랑스 북부지역에서 학생들을 가르쳤어요. 그 지역 학생들의 학업과 지식 정도는 좀 떨어지는 편이에요. 그래서 교육주무부처에서는 학생들에게 점수를 좀 후하게 주라고 요구합니다. 특별한 사유가 없으면 교사는 6점보다 낮은 점수를 주면 안 됩니다. 저는 이 지역의 상황이 프랑스 교육의 미래를 상징한다고 봅니다. 북부지역의 교육현황과 같은 현상은 조만간 프랑스 다른 지역에서도 발생할 것입니다. 이는 제가 이전에 체코에서 가르친 경험과는 완전히 다릅니다."

● **철학은 어떻게 가르쳐야 할까요?**

철학수업은 또 다른 교수법을 요구합니다. 철학은 지식이 아니

지만 철학을 공부하려면 반드시 다른 지식을 배워야 합니다. 우리
는 짧은 시간에 학생들이 개념이란 무엇인지 이해하도록 만들어야
합니다. 제 생각에 철학적 사고란 개념 창조(이것은 들뢰즈의 정의입니
다)를 포함합니다. 어려운 점은 고유의 사고습관에서 벗어나는 것
입니다. 기존에 가지고 있던 사물의 평가기준을 기꺼이 바꾸어 다
시 새로운 불규칙을 마주하는 것과 비슷합니다.

이 연령대의 아이들은 주류사상에서 벗어나기가 어렵습니다. 청
소년기는 참 애매한 시기예요. 예전에는 어린이에서 곧바로 어른
이 되었죠. 하지만 청소년기라는 개념이 생긴 후 우리는 그들을 어
린이로 여기지도 않고 어른으로 보지도 않습니다. 그래서 학생들
은 자신이 함정에 빠진 것처럼 느끼죠. 때문에 청소년은 목표도 없
이 불만을 표출하고 항의하는 겁니다. 이런 상황에서 그들은 주류
에서 벗어나는 게 뭐가 좋은지 알지 못합니다.

두 번째로 어려운 점은 우리 사회에서는 사람들이 철학에 대해
대단한 환상을 갖게 만들어요. 고등학교 1학년 때부터 학생들은
철학에 대해 착각을 하고 있다가, 고3이 되면 학생들은 망연자실
합니다. 왜냐하면 그들이 받는 수업이 생각했던 것과 차이가 크기
때문입니다. 철학은 어떤 마력이 있는 심도 깊은 학문이라고 생각
했던 거죠.

그래서 학생들은 첫 수업에 지나친 기대를 해요. 교사를 마치 마

술사처럼 생각하는 거죠. 교사의 손에 요술봉이 들려 있어 재빨리 그들의 뇌를 번쩍 하고 깨워줄 거라고 생각해요. 하지만 이 수업은 수업요강에 나온 여러 가지 개념을 학습해야 할 뿐만 아니라 시험성적도 걱정해야 합니다. 그걸 깨닫는 순간 철학의 마력은 바로 줄어들고 사라집니다. 그들은 철학교사가 다른 과목 교사와 다르지 않다는 걸 알게 되고 철학교사를 비추던 후광은 빠르게 사라집니다.

● **1년 동안 철학수업을 하면서 학생들이 철학적으로 사고하는 법을 배우던 가요?**

철학에 대한 학생들의 흥미는 점점 줄어듭니다. 학생들은 15분 이상을 집중하지 못하거든요. 이런 상황에서 교사들은 진도와 학생에게 요구하는 정도를 낮춰야 합니다.

저는 수업하는 순간만큼은 학생들이 철학 속에서 산다고 믿습니다. 하지만 수업이 끝나고 철학이 가방 속으로 들어가면 다음 수업은 다시 처음부터 시작하게 되죠. 전 수업과 연결시킬 능력이 사라져요. 이런 학생들은 평상시에는 거의 책을 읽지 않고 열심히 공부하지도 않습니다.

질문에 대한 답을 하자면 학생들은 철학적으로 사고하지 못했습니다. 철학은 우리가 자신을 뛰어넘어야 한다고 요구하는데 학생들에겐 지극히 평범한 생각뿐이거든요. 언론의 반응, 유명 사회자의 의견 같은 거요.

● 자주 인용하는 철학가는 누구입니까? 어떻게 하면 학생들이 철학을 좋아할까요?

플라톤, 소크라테스, 스토아학파, 스피노자, 니체, 마르크스, 푸코요. 플라톤과 소크라테스 이외에 이런 철학가들은 파괴적이거든요. 소크라테스와 플라톤의 철학은 매우 흡인력이 있고요.

학생들은 자신과 관련된 일을 좋아해요. 특히 자신이 관심 있어 하는 것들이요. 다른 것엔 거리감을 느끼죠. 게다가 쓸모없다고 생각해요. 따라서 가르칠 때 학생들과 밀접한 관계가 있는 걸 연계시켜야 합니다. 또는 그들의 주의를 끌거나 그들이 두려워하는 주제를 꺼내야 합니다. 예를 들면 죽음 같은 것이죠. 그러나 일단 한번 만족하면 또 금방 지루해하기 시작해요.

● 철학수업에서 학생들이 가장 어려워하는 부분은 무엇입니까?

상황을 두루 살펴야 한다는 점이죠. 또한 집중하는 능력, 의미를 추상하는 능력이 필요해요. 구체적인 상황에 대한 흥미도 있어야 하고요. 특히 호기심이 있어야 합니다. 어떤 것에든 호기심을 느껴야 하죠.

철학은 언어와 관련 있어요(히브리어, 라틴어, 독일어 등). 저는 수업 시간에 자주 언어를 활용해 장난을 치곤 하는데요. 반에 있던 중국계 학생 하나가 기억나네요. 그 학생은 모든 철학난제를 두 부분으로 나누었습니다. 음과 양으로요. 학생은 철학에 굉장히 흥미를 보였어요. 그 학생의 논술문제 답안을 채점하는 건 사실 쉽지 않았어요. 철학난제를 사고하고 발전시키는 데 있어서 자신의 모국어와 중국인의 문화사상을 연관시켰기 때문이죠. 논설문을 삼단논법으로 써야 하는데 학생은 그걸 좀 버거워하는 것 같았어요. 하지만 이단논법을 사용해서 아주 훌륭한 논설문을 작성했습니다.

● 철학수업에서 영화를 가지고 개념을 설명하나요?

저는 영화를 교재로 해서 학생들이 여러 개념을 연계해 사고할 수 있도록 이끕니다. 그리고 학생들이 영화에서 어떤 철학적 난제를 뽑아내도록 요구해요. 하지만 많은 철학교사가 영화 한 편을 선택해서 어떤 개념을 설명하는데, 그 방법에는 동의하지 않아요. 저는 영화를 연구하고 영화이론을 가르치지만 영화가 개념을 낳는 양어장이라고 생각하지는 않아요.

예를 들면 저는 생명, 기술, 시간이라는 세 가지의 연관된 개념을 조합할 때 스탠리 큐브릭의 영화 〈2001년 스페이스 오디세이〉를 틀어줍니다. 학생들이 이 영화를 이해하든 못하든 간에 제가 관심 있는 것은 학생들이 배운 개념을 운용해서 이 영화를 해석할 수 있느냐 하는 것입니다. 영화학적으로 분석하는 걸 기대하지는 않습니다.

그보다 학생들이 영화 속에서 어떤 초월적 논리(원숭이, 인간, 로봇 등)가 포스트 인류시대로 나아가는 걸 볼 수 있는지에 더 관심을 갖죠. 영화 속에서 사람이 진화의 원소(생명), 기술이나 과학기술, 시공간적 요소를 벗어날 수 있는지를 찾아요. 제 수업의 목적은 학생들이 영상 속에서 사고하고 동시에 논리적으로 문제들을 지적할 수 있는지를 보는 것입니다.

학생들 연령대에서는 확실히 이런 연습을 할 수 있습니다. 〈2001년 스페이스 오디세이〉라는 영화를 보여주고 난 후 어느 미국 여학생이 아주 훌륭한 영화분석을 발표했습니다.

영화를 교재로 활용하면 철학이란 철학가의 학설을 반복하거나 전달하는 게 아니라 철학가의 개념을 사용해서 대담하게 어떤 연구방향을 제시하는 거란 걸 학생들이 이해할 수 있어요.

저는 학생들에게 큰 장애물이 있다는 걸 발견했어요. 학생들은 자신이 스피노자, 데카르트처럼 생각해야 한다고 생각하는데 저는 오히려 더 대담해져야 한다고 생각해요. 대담하게 본인들의 이해력을 발휘해야 한다고요. 즉 칸트가 말한 '지성'이요.

제가 사용하는 영화 대부분은 모두 학생들에게 익숙하지 않은 거예요. 1910년부터 2000년까지 시대도 다양하고요. 예를 들면 코넬 와일드의 〈네이키드 프레이〉, 마이클 리브스 감독의 공포영화 〈마법사〉, 왕가위 감독의 〈일대종사〉 또는 이소룡이 주연한 영화 같은 거요. 이런 영화들은 열렬한 토론을 이끌어냅니다.

이 밖에도 저는 아시아 영화가 매우 훌륭한 사유의 교재라고 생각해요. 아시아 영화는 사람들이 사고하고 가슴 떨리게 만듭니다. 요즘 프랑스 영화는 무미건조하고 지루해요. 프랑스 영화를 보면 시간 낭비라는 생각이 들 때도 있어요.

영화는 사유의 경험입니다. 사유는 어쩌면 영화학의 경험일지도 모릅니다. 들뢰즈의 《천 개의 고원》은 영화에서 자양분을 얻었어요. 철학, 우리의 철학적 사고는 영화와 어느 정도 관련이 있어요.

● **학생들이 주로 어떤 개념을 선호하고 어떤 개념을 어려워하나요?**

관심을 갖는 개념은 주로 국가, 사회, 자유, 욕망, 문화, 행복, 타인이에요. 학생들은 이런 개념들을 잘 알고 있다고 생각하지만 막상 철학수업을 하고 나면 자신이 이 개념에 대해 전혀 모르고 있었다는 걸 깨닫게 됩니다.

반면 어려워하는 개념은 존재, 종교, 경험, 감지, 생명, 진리(진상, 진실), 이론과 응용, 언어, 의무, 예술이에요.

● 학년이 끝날 무렵엔 학생들이 철학을 좋아하나요?

대체로 철학을 좋아하지 않아요. 철학이라는 과목이 학생들의 가치를 올리는 데 도움이 별로 안 되거든요. 이렇게 말하는 학생도 있어요.

"과학은 가치가 있고 매우 중요하지만 철학은 조금도 쓸모가 없어요."

또한 철학은 요구하는 게 많아요. 그래서 열심히 공부해야 합니다. 철학을 좋아하지 않으면 이 수업에 대해 좋지 않은 인상만 남게 됩니다. 물론 인상 깊었던 학생의 시험답안지나 숙제도 있어요. 철학이 도움이 된다는 것을 아는 학생들만이 극찬할 만한 답을 써낼 수 있습니다. 제가 수업했던 내용만 답안지에 쭉 적어내는 학생들도 있어요. 우리는 철학난제에 대한 수업은 거의 하지 않아요. 대부분 철학가의 텍스트를 논하고 풀이해요.

● 어떻게 하면 학생들에게 철학적 사고의 중요성을 알게 할 수 있을까요?

아마도 철학이 다른 과목에도 도움을 준다는 걸 이해시켜야 될 거예요. 예를 들면 아인슈타인의 경우처럼요. 아인슈타인, 베쏘 Michele Besso, 그리고 다른 사람들의 철학적 사고능력이 있었기 때문에 과학이 크게 발전할 수 있었으니까요. 아인슈타인의 시간-공간 이론은 기존 견해를 변화시켰잖아요.

학생들은 대개 지식이 유용하다고 생각하고 이를 철학수업에도 적용합니다. 철학이 실용적이고 인생의 목표를 실현하는 데 도움이 되는 걸 본다면 철학적 사고가 중요하다고 생각하게 될 거예요. 그런데 사실 학생들에게 철학이 유용하다는 걸 증명하기란 매우 어렵습니다. 철학은 정말 중요합니다. 쓸모가 없기 때문에 중요해요.

철학의 본질적인 이로움을 아는 사람들은 조금이라도 철학을 접해본 사람들입니다. 이게 바로 철학인의 현주소죠. 만약 우리가 온전히 사회에 발을 들이지 않으면 진정으로 철학적 사고를 할 수 없습니다.

● 학생들이 수업진도를 잘 따라오나요?

학생들은 수업시간에 마음이 딴 데 가 있어요. 규율이 없는데 어떻게 진도를 따라잡을 수 있겠습니까?

저는 외국에서 학생들을 가르쳐본 적이 있어요. 동유럽 학생들은 수업시간에 굉장히 열성적이고 규율을 잘 지킵니다. 두 지역 학생들은 큰 차이를 보입니다. 철학수업을 잘 따라오려면 학생들에게 최소한의 규율이나 열정이 있어야 합니다.

체코의 언어학과 대학생과 프랑스 북부지역의 일류 고등학교 또는 고등기술자격반 학생들에게 똑같이 수업을 해도 태도가 달라요. 프랑스에서는 수업한 지 30분 정도 지나면 인내심을 잃고 집중을 못하는 학생들이 생겨요. 성취도가 떨어지죠.

논술문제의 종합부분을 어려워하는 학생들이 있는데 사실 몇 시간 수업해보니 그 학생들에게 학습 의욕이 부족하다는 걸 알겠더라고요.

● **학생들이 토론에 적극적으로 참여하도록 만드는 방법이 있나요?**

프랑스에서는 학생들에게 토론이 아니라 내재적 사고를 하도록 독려합니다. 철학인은 고독과 집중이 필요합니다. 철학은 정치 집회를 하는 광장에 있는 게 아니라 프라이팬 속(온기로 채워진 방)에 있는 것입니다. 철학인은 사회와 단절되어야 합니다. 그러고 나서 다시 돌아오는 것이죠. 이것은 부활의 형식입니다.

솔직히 말해서 학생들이 흥미를 느끼는 주제를 좀 더 다루고 학생들이 좋아하는 분야와 연계해야 합니다.

학생들은 성실함이 부족해요. 지정한 텍스트를 잘 읽지 않죠. 통상적으로 무엇이 철학난제인지 몰라요. 개인적인 의견을 제시하고 주관 없이 남이 말하는 대로 따라서 말하기만 합니다. 그게 난제라고 착각해요. 그런 학생들은 개념의 이치를 체계적이고 철저하게 이해하는 정도에 이를 수 없습니다.

- 그중에는 훌륭한 변론을 하는 학생도 있겠죠?

수업을 막 시작했을 때는 변론의 의미가 크지 않다고 생각해요. 변론이 개념을 학습하는 데 영향을 주기도 하고요. 그렇기 때문에 개인의 의견을 제시하는 단계에 머물 수밖에 없어요. 그래도 저는 학기 중에 제대로 토론을 주도하려고 합니다. 진행상황이 이상적이지 않을 때도 있어요. 학생들의 입장이 분명해서 쉽게 감정적이 되고 자신의 생각을 고집하기 때문이죠. 지나치게 감정적이면 다른 관점을 받아들이는 게 어려워집니다. 이런 학생들이 너무 많아서 토론이 마지막엔 결국 설전으로 변해요.

- 철학수업을 받아봤자 소용없는 학생도 있다고 생각하나요?

아뇨, 그렇게 생각하지 않아요. 만약 그렇다면 저는 이 업계에 종사하지 않을 거예요. 학생들에게 시간을 쏟아야 합니다. 물론 그게 힘든 일이긴 해요. 기운이 빠질 때도 있고요. 북부지역 학생들은 학식이 높은 편이 아니에요. 규율도 잘 안 지키고요. 여기에서 저는 플라톤의 말을 인용하겠습니다. '철학은 기초를 단단하게 만드는 길'이라고요.

철학을 배우면서 학생들이 문제제기 능력을 갖게 되길 바랍니다. 동시에 이미 알고 있고, 믿고 있는 것에 대해 질문을 던지기를 바라요. 또 더 많은 호기심을 갖기를 바랍니다.

학생들에게 존재의 의미를
가르친다는 것

교사 꼬르미에 씨는 직업적으로 점점 발전하고 있는 중이다. 대학 졸업 후 그는 초등학교 교사로 교직 생활을 시작했다. 이후 중등교원자격증CAPES을 취득해 프랑스 남부의 툴루즈에서 철학교사로 일하면서 가르치는 시간 외에는 계속 공부에 매진해 철학박사학위를 받았다. 철학적 성취와 우수한 논문 덕분에 꼬르미에 씨는 학군 최고주관단위 심사를 거쳐 시험을 본 뒤 대학교에서 가르칠 수 있는 고등교원자격증Agrégation을 취득했다. 최근에는 고등학교로 전근해서 학생들을 가르치고 있다. 꼬르미에 씨는 상당히 풍부한 철학교육 경험을 가지고 있다.

● 철학을 가르치는 특별한 방법이 있나요?

저는 개인적으로 '교수법'을 그다지 믿지 않아요. 고3 학생들에게 중요한 것은 지적 호기심과 비판능력을 키워주는 거라고 생각합니다. 학생들이 스스로 당연하다고 여기는 생각과 거리를 유지하도록 이끌어야 합니다.

간단하게 말해서 호기심을 자극하고 문제를 제기하는 데 흥미를 갖도록 만들어야 한다는 얘기입니다. 하지만 이런 목표를 달성하는 데 저만의 특별한 방법은 없어요. 특별한 교수법이 있다고 생각하지 않아요.

● 1년 동안 철학수업을 하면서 학생들이 어떻게 변화하고 성장했나요?

방금 제가 얘기했던 것 같은데요. 학생들이 기존의 생각과 거리를 유지할 수 있기를 바라요. 제가 경험한 바로는 많은 학생이 1년간 철학수업을 하면서 논술문제와 텍스트 논평을 연습한 후에 엄밀하게 사고하는 방식을 배울 수 있었어요.

학생들이 고3, 1년 동안에는 철학을 완전히 이해하지는 못했더라도 나중에 사고할 때 좋은 쪽으로 변화가 나타날 거라고 믿어요. 졸업하고 한참 시간이 흘러 고3 때 받은 철학수업이 큰 도움이 되었다고 말해준 학생이 정말 많았어요.

● **수업에서 주로 어떤 철학가를 다루나요?**

전통철학에서는 플라톤, 아리스토텔레스, 에피쿠로스학파, 스토아학파, 데카르트, 스피노자, 칸트, 헤겔이요. 니체, 프로이트, 사르트르도 다뤄요. 다 중요한 철학가들이죠.

수업요강에 있는 개념을 설명해야 하고 수업시수도 제한적이라 모든 철학가를 소개하기가 어려워요.

다만 학생들이 거리를 유지하며 문제를 보고 형이상학적 사고를 하도록 해요. 그 나잇대 학생들에게 존재의 의미를 설명하면 큰 울림이 있기 마련이죠.

● **학생들이 수업을 잘 따라오나요?**

최근 몇 년간 학생들의 수업 집중도가 떨어지는 걸 발견했어요. 추상적인 사고에 대해서도 흥미를 느끼지 못하고요.

흥미를 느끼는 부분은 저마다 달라요. 하지만 절대다수의 학생들이 가장 관심을 갖는 개념은 욕망입니다.

반면 언어, 이성, 통상적으로는 인식론과 관련된 개념들, 간단히 말해서 '기술'과 관련된 개념은 비교적 어려워합니다.

당연히 학생들의 개인차가 있습니다. 과거에는 반 아이들 모두에게 똑같이 진도를 나갈 수 있었어요. 그런데 지금은 불가능합니다. 왜냐하면 언어수준이 부족해서 개념을 이해하기 어려워하는 학생이 너무 많기 때문입니다. 언어능력과 논리적 사고능력은 서로 연관되어 있습니다. 이 두 가지 능력은 철학에서 꼭 필요한 부분이에요.

● **학년을 마무리할 때쯤이면 학생들이 철학에 호감을 갖던가요?**

솔직히 말해서 저도 몰라요. 그저 그들이 과거와는 다른 사고방식을 어느 정도 배우기를 희망합니다.

저는 철학의 문제를 그들과 밀접하게 닿아 있는 문제와 연결시켜요. 동시에 반드시 우리의 사회·역사적인 문제들과 연결해야 합니다.

학생들은 모두 사회 분야의 위기를 겪고 있다는 걸 느낄 수 있어요. 이 위기는 모든 사회문제와 닿아 있습니다. 그 점을 학생들이 이해하게 만들려고 애씁니다. 철학의 문제제기는 이런 어려움을 상세히 분석하는 데 도움이 됩니다.

하지만 저는 학생들이 각자 관심이 많은 문제들에 대해 의견을 발표하도록 합니다. 동시에 자기 입장에 대해 설명하라고 요구합니다.

● **철학난제를 구성한다는 건 고등학생에게는 어려운 일일까요?**

불어 수준이 너무 떨어지고 수업시간에 마음이 딴 데 가 있는 학생이라면 철학난제를 구성하는 건 확실히 어렵습니다.

고3 때 처음 수학을 배운다고
생각해보세요

알리 케비르 씨는 현재 프랑스 서북부의 브르타뉴 지역에서 학생들을 가르치고 있다. 정치철학을 전공했고 현대의 민주 체제를 깊이 비판한다. 2015년 출간된 그의 저서 《민주주의 밖으로 Out of Democracy》는 많은 논의를 불러일으켰다. 큰 키에 마른 체형으로 헝클어진 곱슬머리를 한 케비르 씨는 철학교육에 대해 이야기했다. 교육에 대한 열정이 그의 말이나 표정에 고스란히 드러났다.

● 철학은 다른 과목과 좀 다르게 가르치겠죠?

저는 모든 과목에 특별한 교수법이 있다고 생각하지 않아요. 물론 철학수업도 예외가 아니에요. 철학은 학생들이 학업을 끝마칠 즈음에야 비로소 알게 되는 수업이에요. 그래서 어려운 거예요. 저는 학생들에게 자주 이렇게 말합니다.

"여러분이 고3 때 수학수업을 시작한다고 상상해보세요. 17세에 수학을 처음 배운다고 상상하면 이상하다고 느낄 거예요."

철학의 추상성과 이질감은 학생들이 철학이 어렵다고 느끼는 주요 원인입니다. 그런데 가장 힘든 건 천천히 가르치고 배울 수 없다는 거예요. 수업요강에 나오는 개념들이 너무 많고 힘들기 때문입니다. 바칼로레아가 코앞에 닥치면 몸 풀기를 할 겨를도 없이 곧장 시험대비에 들어가야 하고요.

수업요강에는 개념이 너무 많아요. 좀 더 깊이 이해하고 배우려면 어느 한 철학가에 편중해서는 안 됩니다. 다른 철학가의 관점도 골고루 가르쳐야만 학생들의 철학적, 문화적 소양을 키울 수 있으니까요. 목록에 있는 철학가를 전부 열거해서도 안 되지만 저는 여러 철학가의 관점을 설명합니다.

● **학생들이 철학을 잘 이해하는 것 같나요?**

먼저 추상적인 철학 개념에 적응하려고 노력해야 합니다. 학생들은 자유, 욕망, 주체라는 개념을 이해하기 어려워해요.

구체적으로 말해서 가장 큰 장애물은 언어입니다. 철학은 높은 수준의 언어를 요구해요. 그런데 대부분의 학생들은 언어구사 능력이 떨어져요. 철학 텍스트, 특히 당대 철학이 아닌 텍스트를 읽어내지 못하죠. 논거가 충분한 글 한 편을 써내지 못하는 걸 보면 알 수 있어요.

● 학생들이 철학을 좋아하게 만들려면 어떻게 해야 할까요?

안개 속을 헤쳐야죠. 철학수업은 학생들이 그동안 당연하다고 생각했던 것들을 와해시킬 수 있습니다. 지혜를 얻는 건 희열을 가져다주죠. 하지만 이런 효과가 자동적으로 생기는 건 아니에요. 교사는 '상징적 폭력'의 문제를 신중하게 제거해야 합니다. 학생들이 철학을 '오르지 못할 나무'라고 느끼게 해서는 안 됩니다. 특히 기술직업고등학교 학생들을 가르칠 때 철학수업이 학생들의 실생활과 가까워지게 만드는 방법을 생각해야 합니다.

기본적으로 우리는 어떤 과목과 상극일 수가 없습니다. 다만 학교체제와 수업계획 때문에 모든 학생의 특질에 맞게 가르치는 게 어렵죠. 한 반에 학생 수가 40명이 넘으면 모든 학생에게 일일이 신경 쓰는 건 불가능해요.

● 학생들이 흥미를 느끼는 개념도 있겠죠?

학생들의 취향에 따라 다릅니다. 그러나 일반적으로 욕망, 행복은 매우 환영을 받아요. 예술도 좋아하고요.

반면 인식론과 관련된 개념, 예를 들면 논증, 해석 같은 건 어려워해요. 이런 개념들은 이해하기 어렵다기보다 그 개념과 관련된 분야가 학생들을 지루하게 만드는 거예요.

철학을 좋아하는 학생도 있고 철학에 대해 무관심하고 무감각한 학생, 철학을 혐오하는 학생들도 있어요. 대부분의 학생들은 수업한 지 얼마 안 돼서 철학수업을 좋아하는지 아닌지를 결정해요. 그래서 교사의 역할이 매우 중요한 겁니다. 무엇보다 실생활에서 철학의 중요성을 느끼게 만들어야 합니다.

● **학생들이 수업진도를 잘 따라오나요?**

학생들의 수준을 봐야 하는데요. 기술고등학교의 학생들이 진도를 따라오는 걸 가장 힘들어해요. 그런데 이건 철학의 문제가 아니라 사회학의 문제예요.

학생들이 토론에 참여하도록 독려하는 건 전혀 어렵지 않아요! 학생들은 토론을 좋아하거든요. 관건은 수업이 잡담으로 변질되지 않게 조심해야 한다는 거예요. 그러기 위해서는 너무 주제에서 벗어나지 않도록 학생들의 발언을 적절히 교정하고 조정해줄 필요가 있습니다.

● 고등학생이 철학난제를 구성한다는 게 어려운 것 같기도 해요.

확실히 어렵습니다. 우리가 본능적으로 할 수 있는 게 아니니까요. 일반적으로 설명하기 어려워요. 또는 근본적으로 설명하지 않죠. 제가 고등학교를 다닐 때 선생님께서 철학난제를 구성해야 한다고 말씀하셨어요. 하지만 구체적으로 어떻게 철학난제를 구성하는 건지는 설명해주지 않으셨죠. 그 뒤로 이 수수께끼는 한동안 저를 괴롭혔어요. 저는 공부하면서 어떻게 난제를 구성할 것인지 끊임없이 고민했어요. 그래서 철학교사가 되고 나서 학생들에게 난제가 어떤 의미인지 설명하려고 노력하는 편이에요. 그리고 도표를 사용하는 방식으로 모든 주제의 철학적 난제가 어떻게 형성된 것인지를 설명해줍니다.

● 훌륭한 변론을 하는 학생도 있습니까?

그건 '훌륭하다'라는 말을 어떻게 정의하느냐에 달려 있을 것 같네요. 당연히 일반적인 잣대로 본다면 학생들이 납득할 수 있는 논거를 제시하고 추상적인 개념을 분석하는 건 사실 불가능한 일입니다. 그래도 학생들의 변론은 꽤 흥미롭습니다. 기초적이지만 놀랄 만한 견해들을 제시할 때도 있어요. 교사들이 한번도 생각해보지 못한 것들이 나오죠. 그런 면에서 교사한테도 도움이 많이 됩니다.

변론은 학생들이 그동안 진지하게 생각해봤던 것들을 공유할 수 있는 좋은 기회지만 사실 수업 중에 철학적 변론은 흔치 않습니다.

그러나 이런 과정을 통해 학생들이 비판적 사고를 배우기를 바랍니다. 또한 언론의 과장된 선전이나 다른 사람의 의견에 부화뇌동하는 걸 당차게 거부할 줄 아는 능력을 갖추길 바라요.

교재나 필기를
줄줄 외우는 것은 최악

필립 로이 씨는 6년 동안 철학교사로 일했다. 중등교원자격증CAPES을 취득하기 전에 그는 고등학교에서 초빙교사로 학생들을 가르쳤다. 그가 가르쳤던 학생들은 지역과 가정환경이 달라서 철학수업을 받아들이는 능력에 큰 차이가 있었다. 필립 씨는 시민과 도덕교육EMC 교사를 맡은 적도 있는데 철학수업과 시민교육수업 간의 차이를 알게 되었다. 교육체제의 틀이 바뀌어도 철학교육에 대한 그의 열정은 변함이 없었다.

● **철학과 다른 과목의 차이점이 있다면 뭐가 있을까요?**

철학수업이 다른 과목과 다른 점은 두 가지입니다.

먼저 다른 과목은 진도와 목표가 있죠. 어디까지 수업을 해야 하는지 학생들은 다 이해할 수 있습니다. 그런데 철학수업의 목표는 수업하면서 학생들이 철학적 사고를 배울 때 비로소 나타납니다. 문제제기와 대답형식도 다른 과목과 달라요. 철학문제에는 표준답안이 없습니다. 그래서 우리는 학생들이 문제 그 자체에 의문을 제기하도록 독려합니다.

또한 다른 과목의 문제는 고정적이에요. 답안도 예상가능하고요. 그런데 철학문제의 답은 정확한 기준이 없고 논거에 강도와 깊이가 있어요.

두 번째는 앞의 내용과 일맥상통합니다. 문제와 답(Q&A)에 형식이 없거든요. 문제의 답이 있는 것도 아니고요. 철학수업 방식은 확실히 다른 과목과 다릅니다. 학생들은 열심히 공부해야만 철학수업에서 제시된 난제를 이해할 수 있어요. 철학개념을 공부하는 것도 다른 수업과 분명하게 구분됩니다.

이런 차이로 인해 철학수업이 어렵게 느껴지는 거예요. 학생들에게 과거에 오랫동안 해온 학습방식을 갑자기 바꾸라고 요구하는 건 쉽지 않은 일입니다. 오랫동안 지나치게 틀에 갇혀 배우다 보니 학구열이 사라지고 배울 의욕도 없어진 학생들도 있어요. 고3 때 철학수업을 시작하면서 마침내 학습의 열정에 불이 붙습니다.

● **1년 동안 철학수업을 하면서 확실히 학생들이 변하던가요?**

철학수업으로 모든 학생이 변했다고 말할 수는 없어요. 첫 수업부터 마지막 수업까지 줄곧 수업에 참여하지 않고 겉도는 학생들도 있거든요. 그 학생들은 철학수업에 어떤 이로움이 있는지 알지 못해요. 그래서 사고하는 데 의미를 느끼지 못하죠. 그 친구들에겐 학업 이외에 다른 고민이 있을지도 몰라요. 어떤 학생들은 바칼로레아에서 철학의 가중치가 낮아서 성적에 별로 신경을 안 쓰고 철학수업에 마음을 쏟지 않아요.

사고와 문제를 보는 방식을 차츰 변화시켜나가는 학생들도 있어요. 어떤 개념에 의해 철학의 매력을 알게 되는 학생들도 있죠. 그런 학생들은 분명 1년 동안에도 철학에 의해 변화합니다.

학생들 간의 상호교류가 굉장히 중요하다는 걸 기억할 필요가 있습니다. 어떤 학생은 같은 반 친구가 철학 수업 때 신나게 토론하는 걸 보면서 영향을 받기도 해요. 하지만 철학은 생각하는 연습을 해야 하는 것이지 '자연스럽게' 튀어나오는 게 아닙니다. 또 쉽게 공유할 수 있는 것도 아니에요.

철학적으로 사고하려면 텍스트나 철학주제를 가지고 사고하는 것부터 시작해야 합니다. 그리고 토론하면서 사고할 수 있어야 합니다. 수업 시간에 열심히 수업을 듣고 적극적으로 토론에 참여하는 학생들만이 철학적 사고의 세계로 들어갈 수 있습니다.

문제에 대해서 열심히 사고하고 문제를 제기해야만 진정으로 철학적 사고에 들어갈 수 있습니다. 최악은 수업시간에 한 필기나 교재를 줄줄 암기하는 것입니다. 이렇게 하면 사고하는 효과를 거둘 수 없습니다. 저는 이것도 학생들이 고민하는 문제라는 걸 알게 되었습니다. 학생들은 어떻게 사고해야 하는지 모르더라고요.

● **수업에서는 어떤 철학자를 주로 다루나요?**

저는 특정 철학가를 지나치게 강조하지는 않으려고 합니다. 수업요강에 나오는 철학가들 전부를 수업하는 건 당연히 불가능하고요. 개념을 깊이 공부하다 보면 철학가들에 대해서도 함께 논의할 수 있게 됩니다.

칸트는 도덕과 예술, 토머스 홉스와 루소는 정치, 데이비드 흄은 경험, 아리스토텔레스는 정의, 앙리 베르그손은 인간(생명)에 대한 고찰, 프로이트는 잠재의식 탐구, 에피쿠로스는 행복학설, 스피노자는 욕망에 대해 수업할 때 관련 서적을 읽으며 배울 수 있어요.

진도와 관련해서 수업계획에 따라 철학 교재를 결정하기도 하지만 제가 개인적으로 중요하다고 생각하는 문제를 수업시간에 제기해서 학생들과 함께 토론하기도 합니다. 학생들에게 수업요강에 나오지 않는 철학가를 소개하기도 합니다. 녹화영상을 통해 학생들에게 당대 철학가의 학설을 가르치기도 해요. 언젠가 수업시간에 들뢰즈 철학과 관련된 영화를 틀어준 적이 있는데 학생들과 욕망에 대해 토론했습니다. 그리고 들뢰즈와 펠릭스 가타리Félix Guattari의 욕망개념으로 발전시켰죠.

● 어떻게 하면 학생들이 철학수업에 흥미를 느낄 수 있을까요?

교사는 교재를 선택할 수 있고 수업요강 이외의 개념을 가르칠 수 있어요. 저 같은 경우는 욕망이란 개념을 수업할 때 열정과 감정을 접목시켜요. 정치라는 개념을 수업할 때는 행복과 자유를 연결할 수 있죠.

철학은 사고에 깊이를 더하기 때문에 학생들이 좋아합니다. 철학을 통해 학생들은 자신이 받았던 여러 비평을 다시 한번 생각해보게 됩니다. 이런 비평은 실생활에도 어느 정도 영향을 미치지만 자연, 예술 혹은 인간관계에도 존재할 수 있어요. 이 밖에 형이상학적인 요구도 있어요. 또 다른 방식을 사용해 세상에 나타났거나 재현된 여러 가지 사물을 보는 것이죠.

철학은 사상과 태도를 완전히 바꿀 수 있습니다. 그래서 철학이 흥미로운 거예요. 따라서 철학은 내 밖에 있는 경험, 숨 막히는 세상에 사실감을 더해줍니다.

• **일반 고등학교와 직업고등학교 학생들이 철학수업을 이해하는 데 차이가 있습니까?**

기술고등학교나 직업고등학교에서 철학수업을 하며 학생들의 언어사용을 살펴봅니다. 그런데 학생들은 마치 철학교사가 자신들과 다른 언어를 쓴다고 느끼는 것 같습니다. 그들이 다소 움츠러드는 걸 느낄 수 있어요. 심지어 교사를 배척하기도 하죠. 기술직업고등학교 학생들의 문화적 소양은 비교적 떨어집니다. 그들은 먼저 받아들인 견해를 바꾸지 않으려고 해요. 철학교사는 엘리트고 자신들과 거리가 있다고 생각합니다. 따라서 저는 학생들의 말하기 연습을 강화해서 구술시험으로 재시험을 볼 기회를 줍니다.

또한 부유한 가정에서 자란 학생들은 철학을 그저 '말하면 그만'이라고 생각해요. 실제 효익이 없다고 생각하죠. 이런 학생들은 이 수업에 그다지 열정적이지 않아요.

또 비교해보겠습니다. 파리 동부에 있는 쌍스 고등학교 학생들의 문화수준은 평범합니다. 그들이 익숙한 것은 TV에 나오는 영화입니다. '히치콕'에 관해선 들어본 적도 없어요. 학생들의 문학소양이 부족한 편이에요. 재작년에는 스위스 제네바 근처의 볼테르 국제학교에서 학생들을 가르쳤는데 학생들이 철학을 이해하는 수준이 높았어요. 왜냐하면 국제학교의 학부모들은 대부분 주재원이고 그들은 문화수양을 매우 중시하는 가정교육을 하기 때문입니다. 예를 들면 저희 반 학생들은 프로이트의 학설에 대해 상당히 잘 알고 있었어요. 그래서 빠른 속도로 철학난제에 대해 토론할 수 있었습니다.

● 철학을 이해하는 데 있어서 학생들이 가장 어려움을 느끼는 부분은 무엇입니까?

철학은 추상적인 놀이여서는 안 됩니다. 추상적인 건 반드시 사람을 낙담하게 만들거든요. 그래서 그것을 구체화해야 합니다. 기존의 생각을 뒤엎으려면 학생들이 구체적으로 보는 사물이 사실은 그들이 생각하는 것보다 구체적이지 않다는 걸 이해시켜야 하니까요. 저는 헤겔의 의제를 따릅니다.

"누가 추상적인 것을 사고하고 있는가?"

● 학생들이 보통 어떤 개념에 흥미를 느끼던가요?

분명 욕망에 대한 논의가 가장 많습니다. 왜냐하면 학생들이 가장 자주 언급하는 문제가 자신의 욕망, 사랑 등과 관련된 것이기 때문입니다. 그들 삶 속의 화두도 행복과 일의 개념을 포함합니다. 예를 들면 이런 거죠.

사람이 마음껏 에너지를 발휘할 수 있게 만드는 일은 무엇인가?

우리가 하는 일이 적당량을 초과하는가?

자유의 개념도 학생들에게 매력적입니다.

나는 진정으로 자유로운가?
도대체 무엇이 자유의 몸인가?

학생들은 잠재의식에 대한 개념에 매우 호기심을 느낍니다. 의식을 숨기면서 어떤 일을 하게 만들거나 어떤 생각을 만들어내는 잠재의식에 대해 생각하죠. 어떤 학생들은 정치문제에 대해 특별히 흥미를 느끼지만 그렇게 많은 편은 아닙니다. 그들도 문화에 관해 사색하는 걸 좋아합니다. 지금과 다른 생활방식으로 살아갈 가능성이나 서로 다른 문화 사이에 발생하는 문제 등에 대해 상상해보는 거죠.

● 학생들이 어려워하는 개념은 뭐가 있나요?
많은 학생이 자신과 관련된 개념에 대해 오히려 이해하기 어려워합니다. 시간이나 생명이요. 역사와 관련된 개념도 어려워합니다. 어떻게 시작해야 하는지 몰라요. 이론과 실천의 관계나 논증 같은 것에 대해 그들은 흥미가 별로 없어요. 특히 문과학생들이 그렇습니다.
또한 정의는 아주 처리하기 어려운 개념입니다. 왜냐하면 학생들은 늘 지나치게 감정적이 되고 쉽게 피해자의 비참한 처지를 동정하기 때문입니다.

1교시 철학수업

● **학년이 끝날 때 학생들 반응은 어떤가요?**

학년이 끝날 때 어떤 학생들은 철학수업이 눈 깜빡할 사이에 끝나버렸다고 아쉬워합니다. 그들에게 이 수업은 평범한 수업이 아닙니다. 왜냐하면 철학수업은 정해진 틀에 그다지 갇혀 있지 않고 바칼로레아의 한 과목에 불과한 게 아니기 때문입니다. 교문을 나서도 그들은 계속 철학적으로 문제제기를 합니다. 어쩌면 문제제기의 방식을 바꿀지도 모릅니다. 철학은 이로 인해 성장하고 확장됩니다.

솔직히 말해서 1년의 수업은 학생들의 '사상의 해방'을 달성하기에는 부족합니다. 그들에게 맛보기만 보여주고 그들이 토론에 참여해 생각을 전할 기회를 줄 수 있을 뿐입니다.

● **지금까지 본 답안지나 숙제 중에서 기억에 남는 게 있나요?**

저는 훌륭한 논설문들을 많이 보는데 그 학생이 주제를 간파했을 때 특히 흥미를 느낍니다. 올해 바칼로레아에서 제가 20점 만점에 19점을 준 답안이 있었습니다. 내용도 굉장히 알찼어요. 그 학생이 제기한 철학난제에서 그의 공력을 알 수 있었습니다. 동료교사가 만점을 준 답안도 있었는데 정말 흠잡을 데 없는 글이었어요.

때로는 학생의 숙제 속에서 훌륭하고 흥미로운 부분을 발견하거나 소위 말하는 주옥같은 글을 발견합니다. 아주 열성적인 동료교사 몇 명은 극찬할 수밖에 없는 진귀한 글을 발견하면 자신의 노트에 옮겨 적어 기록해놓습니다.

● **학생들이 철학적 사고의 중요성을 어떻게 깨달을 수 있을까요?**

학생이 문제나 개념에 대해 흥미가 생기면 그제야 철학적 사고가 얼마나 중요한지 깨달아요. 그것이 바로 풍부한 문제를 들여다봐야 하는 이유입니다. 학생들이 철학난제 속에서 새로운 시각과 사상을 찾고 자신의 인생에 영향을 줄 수 있을 때 철학적 사고가 자신에게 얼마나 중요해졌는지를 깨닫게 됩니다.

또한 학생들이 수업을 미리 준비할 필요가 없고 고전만 가르치면 학생들도 진도를 따라잡을 수 있어요. 학생들에게 지나친 요구를 해서는 안 됩니다. 사실 수업 시간 내내 집중하는 건 불가능해요. 옆자리에 앉은 친구가 말하기 시작하고 분위기가 어수선해지면 쉽게 한눈을 팝니다.

● **학생들이 발표는 잘하나요?**

학생들이 자신감이 생겼다고 느껴야 수업시간에 발표를 합니다. 그래서 절대 학생의 발언을 폄하해서는 안 됩니다. 또한 경솔하게 평가를 내려서 모욕을 당했다고 느끼게 해서는 안 됩니다. 동시에 다른 학생들에게도 남의 발언을 존중하라고 요구해야 합니다. 중간에 말을 끊어서도, 비웃어서도 안 된다고 당부해야 해요.

다른 사람의 발언을 듣지 않는 학생들이 있어요. 또 남의 관점이나 이유를 받아들이지 않아요. 따라서 교사는 반드시 최소한의 규칙을 정해서 토론이 순조롭게 이루어질 수 있도록 해야 합니다.

● **학생들이 철학난제를 잘 구성하던가요?**

철학난제를 구성하는 건 고3 학생들에게 상당히 어려운 일입니다. 학생들은 단순한 문제와 철학적 난제를 자주 혼동합니다. 단순한 문제에는 거의 답이 존재합니다. 저는 첫 수업 때 학생들에게 강조합니다. 좋은 난제는 해답이 없는 대신 우리가 깊이 있게 논의하도록 만들어준다고요.

학생들도 사상의 진보가 난제 하나에서 시작되는 것이 아니라 여러 난제를 연결해 사고하고 문제제기를 할 수 있을 때 이루어지는 것임을 알아야 합니다. 이게 바로 우리가 말하는 '철학난제 구성'인 것입니다.

철학난제를 구성하는 법을 배우려면 1년으로는 부족합니다. 대부분의 학생들에겐 무리예요!

우리는 행복을 추구하기 위해 노력해야 하는가?

백설 공주에서 일곱 난쟁이가 부른 노래처럼 "요구하는 게 적을수록 행복하다."

행복을 추구하기 위해 많은 걸 지불해야 할 만큼 상황이 복잡한 사람들도 있다. 그런 사람들은 차라리 불행하게 사는 게 더 낫다.

행복을 추구하기 위해서 폭력, 살인, 학살, 극형 등…… 악랄한 수단을 사용하는 사람들도 있지만 꼭 그렇게까지 해야 하는 건 아니다.

어떻게 하면 행복해질 수 있는가?

우리는 행복을 위해서 온 힘을 다해야 하는 때가 있다. 예를 들면 지금 이 4시간 동안 행복을 위해서 나는 지하철 파업 때 전력을 다해서 시험장에 도착해야 한다. 그러면 나는 노조나 파리 지하철국 회장의 선언을 인용하여 답안을 서술할 수 있다. 하지만 이런 선언들은 철학시험 답안으로 쓰기에는 주제와 맞지 않아 여기에서는 생략한다.

행복하게 사는 비결은 사실 지극히 단순하다. 좋은 소파에서 맥주 한 캔을 마시며 축구경기를 감상하는 걸로도 충분히 행복할 수 있다.

우리 인생의 목적은 행복추구다. 하지만 우리가 불행하길 바라는 존재들(국가, 부모, 교사, 지하철국……)이 있다.

일이 적을수록 행복한가?

일이 적을수록 더 즐거워지는 건 분명하다. 6월 한 달 내내 복습만 하다가 유럽축구선수권대회(UEFA)를 보지 못한 학생들에게 물어보면 저절로 알게 된다.

우리는 일하면서 무엇을 얻었나?

반바지를 입고 축구공을 쫓아다니는 프로선수들은 1년에 2천만 유로를 번다. 우리는 그들을 노동자로 인정하는가? 실업자가 갈수록 늘어날 때도 그들은 행복할 수 있을까?

자유롭지 않아도 행복할 수 있을까?

즐거운 사람은 자유로운 법이다. 내 상황을 예로 든다면 행복은 바로 이 바칼로레아 시험을 빨리 다 보는 것이다.

일은 우리의 바람을 실현해줄 수 있는가?

나는 나 자신을 잘 안다. 앞으로 어떤 일에 종사하면 2주를 넘기지 못할 것이다. 결국 그렇게 될 테니, 나는 아마 시도할 필요가 없을 것이다. 어쨌든 내 성격상 성공의 기회는 없을 것이다.

우리가 데카르트의 저서를 끊임없이 인쇄하고 있다는 걸 만약 데카르트가 안다면 분명 무덤에서 일어나 인세를 요구할 것이다

선택할 수 있다면 자유로운 것인가?

나는 등산과 도넛 중에 하나를 선택할 수 있다. 의사가 단것을 먹으면 안 된다고 말하더라도 나는 원하는 걸 먹는 쪽을 선택할 수 있다.

선택의 자유는 감정이라는 무지개 앞에서 조각이 될 수 있다. .

우리는 어떻게 하면 자유와 평등을 동시에 가질 수 있는가? 이는 기술적으로, 근본적으로 불가능하다. 자유는 반드시 평등을 저해하고 평등은 자유의 구속이다.

예술은 우리의 감각을 교육하는가?

구체적인 작품의 예를 들자면 포르노가 사물에 대한 나의 감각을 완전히 바꿨다는 건 분명 인정한다.

일이 적을수록 삶의 질이 좋아지는가?

즐거운 노동자는 일을 여가로 여긴다. 만약 그렇다면 고용주는 왜 그에게 급여를 지불해야 하는가?

마르크스는 철학가다. 그는 많은 노동자와 관련된 책을 썼다. 하지만 그는 노동을 한 적이 없다.

나는 내 과거가 만든 것인가?

나는 나 자신이 나귀 같다는 걸 안다. 나는 분수를 알기 때문에 성공하려고 애쓰지는 않을 것이다.

도구로서의 언어를 논하라.

언어는 도구로서 기능할 수 있다. 어떤 사람이 말을 과장되게 하는 것처럼 적어도 공기를 순환시킨다.

객관적으로 나는 칸트에 대해 전혀 모른다. 이 논거는 극소수의 사람들만 아는 칸트의 작품에서 인용한 것이다. 내가 분석할 수 있는 것은 바로 내가 모른다는 것이다.

법률은 필요한가요?

만약 법률이 없다면 모두가 차를 운전할 때 절제할 자유가 생긴다.

만약 우리가 법률을 준수하지 않는다면 세상은 무정부 상태가 된다. 모두가 서로 먹고 먹히게 된다.

욕망의 본질은 끝이 없는 것인가?

젊은 여자가 라이언 고슬링이 주연한 영화를 볼 때 그녀는 '욕망은 끝이 없다'는 말에 찬성할 것이다.

욕망은 때로는 음란한 느낌이다. 우리가 극도로 타락한 사람이 되게 만든다.

애플사가 계속 아이폰을 생산하기만 한다면 욕망은 끝이 없을 것이다.

일은 바람을 실현시킬 수 있는가?

일이 우리의 잠재력을 북돋지 못할 때도 있다. 예를 들면 우리 반에 어떤 친구는 불성실하다. 하지만 그들은 바칼로레아 증서를 손에 넣을 수 있었다.

블레즈 파스칼은 사고할 수 없었기 때문에 펜으로 저서 《팡세》를 썼다.

언어는 도구인가?

확실하다. 우리는 때론 언어를 도구로 사용해 목적을 달성한다. 나도 지금 언어를 사용해 당신에게 나를 증명하려고 애쓰고 있다. 나는 높은 점수를 받을 자격이 충분하다.

다양한 신체언어는 생존의 도구다.

언어는 다른 도구와 마찬가지로 녹슬고 피로해진다.

예술은 우리의 감각을 교육하는가?

때로는 감각을 잊어버려야 가장 좋은 작품을 보게 된다.

키케로가 말했다.

"우연은 존재하는 것이다."

그의 의미는 내가 어떻게 쓰던 간에 내 점수의 어떤 부분은 우연적인 거라는 얘기다. 그래도 내가 계속 써 내려가야 할 필요가 있을까?

자아에 대한 인식은 타인의 인지를 전제로 하는가?

스스로에 대해 잘 알고 있어야 한다는 걸 알아야 한다.

철학수업에서
사회를 이야기하다

2015년 초, 프랑스 샤를리 에브도에서 총격 사건이 발생했다. 그 해 11월에는 파리에서 테러가 일어났다. 세계화의 물결 속에 인구이동이 빠르게 일어나 이민자들이 유럽으로 끊임없이 몰려들었다.

프랑스 고등학교 철학수업은 시민사회에 대한 기대에 기초하고 있다. 프랑스 학생들은 수업시간에 이런 중요한 사건에 대해 토론할까? 한다면 어떻게 할까? 프랑스의 철학교사 나즈 씨와 뒤퓌 씨가 관찰한 이야기를 들어보자.

저는 그런 사회문제를 수업할 때 토론과 변론의 형식을 빌립니다. 당시 언론에서는 테러와 이민 문제에 대해 거리낌 없이 보도하고 평론했어요. 저는 학생들이 그런 문제에 대해 어떻게 생각하는지 듣고 싶었습니다. 그리고 학생들이 언론을 비판적으로 바라보기를 바랍니다. 학생들이 논술을 한 언론의 논조로 도배하지 않았으면 좋겠어요. 거기다가 또 다른 언론의 논조까지 받아들이라고 강요하고 싶지도 않습니다.

학생들이 의견을 제시할 때 우리 사회에 지배적인 언론의 논조를 인용한다면 저는 허점이나 틈을 찾으려고 시도합니다. 이를 통해 언론에 결점이나 빈틈이 많다는 걸 드러냅니다. 그러고 나서 언론과 상반된 견해를 보이는 다른 학생의 의견을 제시합니다. 샤를리 에브도 사건이 발생했을 때 저는 캥페르에서 학생들을 가르치고 있었는데 그때 정말 많이 노력해서 언론패권에 조금이나마 저항할 수 있었어요. 저는 정보과학기술 고등학교에서도 학생들을 가르쳤는데 저희 반에는 무정부주의자를 자처하는 학생이 있었습니다. 그는 매체보도가 지나치게 과장되고 선동적이라고 강렬하게 비판했어요. 그의 의견은 제게도 무척 유용했습니다. 그러다 이야기는 종교에 대한 비평으로 확대되었는데 그 문제는 반 전체와 대립할 여지가 많았어요. 그 학생은 반 전체와 대립할 가치가 있다고 생각하지 않았고, 그럴 가치가 있다는 걸 저도 설득하지 못했어요.

2015년 11월 총격 사건을 얘기하자면, 그때 저는 마요트 섬으로 전근을 갔어요. 마요트는 프랑스의 해외 영토로 대다수의 주민은 코모로 족이고 99%가 이슬람교도예요. 그곳의 교실 분위기는 캥페르와는 완전히 달랐어요. 감정적 반응보다는 항상 균형 잡힌 중립적인 분위기였죠. 예를 들면 "왜 한쪽에 대해서만 그렇게 분노하고 상심하며 강렬한 반응을 보이는가? 상대방의 처지는 고려하지 않고? 특히 연합군에 폭탄을 투하한 민간인을 받아들여야 하는가?"하는 식이었죠.

그래서 저는 비교적 다각도로 분석하려고 했어요. 파리 총격사건의 문제를 확대하고 각 측의 군사행동을 구분할 수 있는지를 봤습니다. 기본적으로 미국이 지휘하는 연합군 행동과 테러활동을 구분했습니다. 저는 교실의 토론과 변론에 적극적으로 개입했습니다. 그러면서 전쟁 권리의 개념을 설명했어요. 우리 시대에 벌어진 군사적 충돌의 특수한 형식(선전포고 없이 그대로 공격하고, 군사공격에서 군부대나 민간인을 구분할 필요가 없는 등)을 부각했고요. 이를 통해 두 가지 다른 형식의 폭력을 설명하고 그 경계가 상당히 모호하다고 말했죠.

그러고 나서 우리는 1분간 묵념의 시간을 가졌습니다. 교사와 학생들 모두 묵념을 해야 합니다. 당시 학생들만 1분간 묵념을 하고 몇 마디 의견도 말할 수 없는 분위기가 싫었어요. 그래서 우리 반에서는 총격사건에 대해 토론했고 학생들도 충분히 의견을 표현하도록 했어요. 교사까지 함께하는 1분간의 묵념도 그 일부였습니다.

저는 학생들에게 말했어요. 공무원으로서 나는 이런 '1분 묵념'을 피할 수 없다고요. 우리가 이런 사건들, 정치권 그리고 매체의 반응에 대해 비판하고 사색한 뒤에는 교사로서 학생들에게 피해자에 애도를 표하도록 해야 하는데 저로서는 유감입니다. 학생들이 묵념을 하는 건 제가 묵념하는 것과 마찬가지로 국가권위에 어느 정도 굴복한다는 것을 보여주는 형식에 불과합니다.

제가 그렇게까지 한 건 저의 철학수업이 언행일치가 되길 바랐기 때문이었습니다. 특히 마요트 섬에서 저는 프랑스 본토에서 온 백인이에요. 그래서 저는 반교권주의라는 세속화 원칙으로 무슬림에 대항하는 양면수법을 쓴다고 의심받을 수 있습니다.

마요트 섬에서 수업시간에 이민문제 얘기가 나오면 학생들이 금방 뜨거워집니다. 당시 마요트 섬에서 발생한 종족문제의 배경을 살펴보며 이민열풍 현상을 분석할 수 있었습니다. 저도 이렇게 정곡을 찌르는 방법이 '달걀 위를 밟는 것'과 같다는 걸 알아요. 까딱 잘못하면 다 망치게 되는 거죠.

사실 반에 아기옹 섬에서 이민 온 학생이 몇 명 있는데 가능하면 마요트 현지 학생과 아기옹 이민자가 대립하는 상황을 피하려고 합니다. 왜냐하면 현지 종족관계가 팽팽해서 쉽게 불이 붙을 수 있기 때문입니다. 저는 때로 그들의 숙제에서 현상황을 읽습니다. 현지 학생들은 아기웅인을 도둑, 양아치로 여겨요. 그들은 행간에서 공권력에 대한 불만을 드러냅니다. 현지 정부가 아기웅인의 대량 유입 현상을 손 놓고 보고만 있다고 여겨요. 그들을 내쫓지 않는다고 생각하죠.

토론을 하다 보면 즉시 감정에 불이 붙을까봐 걱정이 됩니다. 저는 학생들이 직접 이민이라는 주제에 들어가도록 하지 않아요. 먼저 자신의 경험을 나누게 합니다. 마요트에서 차를 운전하다 보면 길가에서 손을 흔들어 히치하이킹을 하는 사람을 자주 태워주게 되는데 그들과 이야기하다 보면 아기웅인을 싫어한다는 말을 자주 들어요. 비록 이런 말을 듣는 게 굉장히 사람을 피곤하게 만들지만 저는 그들이 어떻게 생각하는지를 알고 싶어요. 그래서 몇몇 문제에 대해 묻지 않을 수 없습니다.

이야기하다 보면 사실 현지인도 기댈 곳 없는 아기웅인들을 도와준다는 것을 알게 돼요. 예를 들어 그들에게 거처를 제공한다든지. 저도 아기웅인을 싫어하는 현지인을 만난 적이 있어요. 그런데 그 사람은 자신의 가족친지가 아기웅 섬에 살고 있다고 하더군요.

이런 경험을 한 뒤 저는 비교적 쉽게 학생들이 말하는 '마요트인'의 정체성에 의문을 갖도록 이끌 수 있어요. 그리고 '코모로 정

1교시 철학수업

체성'의 가능성을 생각하도록 이끄는 게 쉬워집니다.

사실 많은 학생들의 가족친지들이 코모로 4개 섬에 뿔뿔이 흩어져 있어요. 철학수업에서 변론을 하면서 학생들은 점차 마요트인과 아기웅인의 갈등을 새롭게 보기 시작합니다. 이렇게 해서 저는 비교적 쉽게 광범위한 정체성 문제로 들어갑니다. 정체성의 본질적인 착각에 대해 논의하죠. 이렇게 해서 여러 이민문제로 확대해 나갑니다. 예를 들면 최근 유럽이민 열풍 같은 문제 말이에요.

우리는 많은 유럽인이 두 팔 벌려 외국이민자들을 받아들이는 걸 봅니다. 동시에 유럽정치 지도자들이 이민을 반대하고 외국을 적대시하는 발언을 하는 것도 봅니다. 그들은 이민 열풍을 막아야 한다고 호소하지요. 이런 의견은 마요트 현지 정치인들의 배타적 논조와 호응합니다.

일련의 토론과 분석 후에 학생들은 아기웅인을 미워하는 언론에 깊이 있는 의문을 제기할 수 있게 됩니다. 배타적 언론이 진정으로 말하고 싶은 게 뭔지 고민하지요.

층층이 뒤덮인 언론의 안개를 걷어내면 마지막에 학생들은 마요트 섬의 현실적인 문제가 어디에 있는지 볼 수 있게 됩니다. 무엇이 부족한지, 프랑스 해외령으로서 섬의 인프라가 부족하다든지 하는 문제요. 예를 들면 인구의 급속한 성장에 대응하기에는 의료기관이 부족하다는 걸 알게 됩니다. 이처럼 연관된 문제들에 대해 의문을 제기하고 사고하는 것을 거쳐 학생들은 더 이상 종족대립을 섬의 핵심문제로 보지 않습니다.

보편적인 사회문제를 토론할 때 우리는 아기웅 섬의 빈곤문제를 토론하면서 동시에 정치인의 부정부패를 연결시킵니다. 이렇게 해서 반에 있는 아기웅 학생들도 토론에 참여합니다. 솔직히 말해서 저는 근본적으로 반에 어떤 학생이 현지인이고 아기웅인인지 분별하지 못합니다.

이렇게 해서 우리는 프랑스와 수십 년간 코모로에서 정변을 일으키고 유력 정계인사를 암살했던 밥 드나르Bob Denard가 코모로 제도에서 어떤 역할을 했는지 토론할 수 있게 됩니다.

요컨대, 이런 문제들을 토론하면 추상적인 개념에 빠지지 않아요. 저는 이민문제를 조금씩 철학난제로 발전시키려고 노력합니다. 예를 들면 생명권력의 의제, 시민통치의 문제 같은 것이요.

| 뒤퓌 선생님의 철학수업

수업과정은 사실 매우 간단합니다. 학교는 교사와 학생들이 마음껏 이야기할 수 있도록 해줍니다. 저는 스스로 규칙을 정했어요. 고등학교 수업에서 저는 저의 이론과 입장을 변호하지 않습니다. 그러나 의견교류에는 참여합니다. 왜냐하면 바람이 없으면 파도가 일

지 않기 때문이죠. 하지만 실질적인 변론은 하지 않습니다.

왜 자살폭탄범으로 변하는 프랑스인이 생길까요?
이슬람국가(IS)는 무엇입니까?

저는 문제를 제기해 학생들이 사고하도록 만듭니다. 하지만 학생들에게 답을 주지는 않아요. 저는 이렇게 하는 것이 저의 직무라고 생각합니다. 동시에 우리 프랑스의 비열한 정치에만 국한되지 않을 수 있어요.

이민문제에 대해서 저는 EU가 아주 가증(혐오)스럽다고 생각해요. 그러나 공무원으로서 저는 학생들 앞에서 저의 입장을 강조하지 않아요. 저는 문제를 던지고 그들이 사고하도록 만들죠.

왜 이민 열풍이 계속되는 걸까요?
왜 EU가 두려운가요?

어찌됐든 저는 우리가 이민자들을 이렇게 대해서는 안 된다는 것을 좀 부각시켜요. 저는 학생들이 수업요강에 있는 타인의 개념과 감정이입의 다른 면을 사고하도록 북돋습니다.

저는 적어도 고등학교 교실에서는 교사가 지나치게 자신의 입장을 강조해서는 안 된다고 생각합니다. 비교적 섬세한 방법으로 끌어낼 수밖에 없어요. 자기 발등을 찍는 일을 해서는 안 됩니다. 일단 학생들이 사고하고 나면 그들은 자신이 가졌던 의견이 너무 경솔하고 불공정했다는 걸 스스로 깨닫습니다. 그리고 문제는 사실 매우 복잡해요. 이면에 생각해볼 만한 요소가 많이 있습니다.

토론은 순조롭게 진행될 수 있습니다. 왜냐하면 저희 반에도 이민자 자제들이 많거든요. 그들은 국가가 불공평하다는 걸 이해합니다. 저도 모든 사람이 이해할 수 있는 건 아니라는 걸 알아요. 하지만 저는 적어도 그들에게 뿌리 깊이 박힌 생각을 흔듭니다. 교사는 학생들이 표현하게 해야 합니다. 그래야 학생들은 스스로 자신의 생각을 사색(반성)할 수 있어요.

1교시 철학수업

서양철학수업을
그대로 받아들여서는 안 된다

선칭카이沈淸楷 씨는 벨기에 루벤대학교 철학박사로, 푸런輔仁대학교 철학과 조교수다. 이게 그의 공식직함이다. 그는 타이완의 고등학교에 철학교육을 보급하려고 노력하고 있다.

10여 년 전 선칭카이를 막 알게 됐을 때 그는 늘 벨기에 루벤대학에서 파리로 와서 자크 데리다Jacques Derrida 세미나, 폴 리쾨르 Paul Ricoeur 세미나를 듣거나 파리미술관에서 열리는 전시회와 연극을 보러 갔다. 그가 대학에서 박사공부를 할 때 가장 이해하기 어려웠던 철학가는 헤겔이었다. 시간이 흘러 논문을 쓰려고 할 때 그는 가장 어려운 도전을 선택했다. 그가 이해하지 못한 프랑스 당대철학 속 헤겔을 마주하기로 한 것이다. 박사논문으로 프랑스 해석학자 리쾨르를 선택하고 《헤겔의 유령/정신-헤겔사상이 리쾨르의 철학인류학에서 차지하는 위치》를 썼다.

2010년 7월 그는 학위를 완성하고 타이완으로 돌아왔다. 푸런대학에서 학생들을 가르치기 전에 그는 정리쥔 여사의 초청으로 칭핑타이靑平臺, Youth Synergy Taiwan Foundation에서 일하며 카페 필로 Cafe Philo에서 시민포럼인 '필로소피 프라이데이(이하 필프)'를 만들어 운영하고 있다. 그 후 필프는 독립적으로 운영되고 있으며 그는 계속 자원봉사자로 일하고 있다. 필프는 무엇이든 다 이야기할 수 있고 사회운동에 준準하는 특성을 지닌다. 마치 캠퍼스 밖에서 하는 철학수업과 같다. 프랑스의 '서민대학'에 가깝다.

'필프' 덕분에 그는 재미있고 진중한 사람들을 알게 되었다. 그중에는 외국에서 돌아온 젊은 학자들도 적지 않았고 그들이 더 많은 상상력을 자극했다. 그들이 배운 것을 아래로 뿌리내리며 고등학교에 철학교육을 보급하고자 수년간 고등학교 철학캠프를 열었다. 동시에 고등학교에서 철학실험수업을 시작했고 '철학카페'라는 이름의 방송프로그램도 진행했다. 최근에는 많은 사람의 역량을 모아 계속해서 프랑스 고등학생의 철학교과서를 번역했다.

오랜만에 만난 선칭카이는 철학적 사고라는 매력적인 일에 대해 이야기하기 시작했다.

- **필로소피 프라이데이(필프)와 고등학교 철학캠프는 어떻게 시작되었나요?**

저는 2010년 7월 26일 타이완에 돌아왔어요. 그 해 8월 13일은 금요일이었죠. 그 블랙프라이데이에 우리는 소규모 세미나를 열었어요. 알베르 카뮈를 살펴보면서 황당무계함과 자살에 대해 이야기했어요. 자살의 문제를 사회구조로 가져와 논의했지요. 그때는 자살에 관한 뉴스가 줄어들기 시작한 때였어요. 과거에는 분신자살했다는 보도가 흔했어요. 분명히 경제상황이 안 좋아지는데 왜 자살 보도가 줄었을까요?

이 토론을 하고 나서 우리 사회에 잘 적응하지 못한 '고독한 영혼'들을 모았어요. 개인이 적응을 잘 못했을 수도 있지만 유럽에서 돌아온 뒤로 타이완에 무엇이 부족한지 느꼈어요. 어쩌면 말로 표현하기 어려운 생경함일 수도 있고 타이완에 대한 이해가 부족하고 민감도가 떨어진 걸 수도 있어요. 다른 분야 사람들과 교류하고 대화하며 지금 타이완의 문화, 환경보호, 농업, 교육·거주정의 문제 등을 이해할 필요가 있어요. 당시 비주류라고 여겨졌던 문제들도 '필프'라는 토론공간에 들어왔어요. 현재 상황을 이해할수록 사람들은 더욱더 열성적으로 토론합니다. 그리고 어떤 일을 해야 하는지 느껴요. 비록 누군가가 이 '살롱' 공간이 부르주아틱하다고 말했지만 우리는 더 서민적인 형식을 찾고 싶어요. 더 현지에 맞는 형식을 찾고 더 상상력을 갖추기를 희망합니다. 이국적인 정서가 아니고요.

필프를 운영하는 기간에 고독하고 불만을 가진 사람들이 비단 우리뿐만이 아니라는 걸 알게 됐어요. 사회운동단체, 문화단체도 자신과 사회의 '고독한 영혼'을 바꾸고 싶어 한다는 걸 알게 됐죠.

첫 해에 필프가 52차례 열렸어요. 태풍이 오든 설 연휴든 한 번도 쉬지 않았죠. 기본적으로 필프는 가능하면 텔레비전에 나오는 의제는 다루지 않으려고 해요. 텔레비전이나 주류언론에서 논의하지 않고 거의 다루지 않은 것, 충분히 다뤄지지 않은 것들을 찾아요. 우리는 이런 문제를 여유 있게 이야기할 수 있는 사람들을 찾습니다. 그래서 토론과정에서 서서히 깊이가 드러날 수 있게 하죠. 그래서 우리는 대게 절반의 시간을 토론하는 데 할애합니다.

하지만 필프는 금욕주의식 고행이 아닙니다. 통상적으로 토론이 끝난 후에 우리는 각자 가져온 음료(알코올과 무알코올 음료)를 함께 마셔요. 자원봉사자들이 준비한 안주도 있고요. 여러 생각, 계획, 행동도 이로 인해 용솟음쳐 나오게 되죠. 이어서 모두 실행에 착수합니다. 참여하러 온 사람들은 교정(고등학교나 대학)의 교사와 학생들뿐만이 아니에요. 더 많은 다양한 분야의 사람들이 필프의 격동 속에서 만납니다.

나중에는 필프가 곳곳에서 꽃을 피웠어요. 우리는 각지의 필프가 스스로 중심이 되고 각자 독립하게 했어요. 각지에서 소액기부의 열정으로 시민포럼을 이어가게 했지요. 주류매체와 구분되기 위해서 우리는 상업활동은 하지 않고 주류의제를 좇지도 않아요. '핫한 정치인물'을 찾지도 않아요. 고독한 영혼들이 한곳에 모여 있어도 고독한 상태를 유지할 수 있도록 하죠.

이후 누군가 저를 찾아와 프랑스 고등학교 철학을 소개해달라고 했어요. 저는 〈수업 하나가 빠졌나?〉라는 제목의 글을 써서 적게나마 반향을 일으켰습니다. 사실 저는 프랑스 철학에 대해서만 얘기하는 걸 아주 싫어해요. 대학에서 학생들을 가르칠 때뿐 아니라 고등학교에서도 프랑스 철학이 받아들여지는 건 까놓고 얘기해서 '수입품'이기 때문이에요. 어쩌면 저의 편견일 수도 있지만 일반인은 철학에 대해 흥미가 많더라도 철학을 공부한 경험은 비교적 적습니다. 타이완에는 타이완만의 철학이 있어야 합니다. 한편 우리가 선호한다고 생각하는 것들이 실은 상업적인 면이나 편견에 의해 식민통치를 받고 있는지도 모릅니다. 아니면 자아가 식민통치한 결과일 수도 있고요. 철학의 현지화를 이야기할 때 먼저 반드시 식민주의 문제를 생각해야 합니다. 왜 프랑스 철학인지.

저는 서양철학을 전부 그대로 타이완 고등학교 수업에 받아들여야 한다고 생각하지 않습니다. 하지만 철학 정신은 우리에게 문화적 시각을 넓히는 데 참고할 만한 것들을 제공할 수 있습니다. 우리가 과거에 감히 생각하지 못했던 것, 생각해본 적 없던 것을 사고하고 어쩌면 보이지 않는 사고의 금기를 마주할 수 있는 기회를 제공해줍니다. 하지만 사고의 금기를 깨려면 용기가 필요합니다. 자신의 나약함과 연약함을 마주하는 용기 말이죠. 더 나아가 사고와 행동을 결합할 필요가 있습니다. 서양철학은 모든 사고에 있어 일종의 가능성에 불과합니다. 유일한 것이라고 볼 수 없습니다. 프랑스 철학은 더더욱 유일한 철학이 아닙니다.

과거 계엄시기에 철학적 사고는 금지되었습니다. 계엄이 해제된 후에 규제가 풀린 것이 많았지만 타이완에서는 철학에 대해 여전히 많은 오해를 갖고 있습니다. 중국철학을 공부하는 것을 점쟁이가 되는 걸로 생각하고 서양철학을 공부하는 사람은 결국 미쳐버릴 거라고 생각하는 것이지요.

철학에 대한 오해는 사고에 대한 순수한 흥미를 잃어버리게 만듭니다. 하지만 만약 철학이 사고하는 것에 대해 순수한 흥미를 주지 못한다면 '사고하다'라는 말은 이상적인 방향으로 나갈 수 없습니다. 단지 실용성과 공리적 사고에 머물 뿐이죠.

철학교육을 위협하는 것이 있다면 그것은 학문화되거나 정통화되는 것입니다. 저는 권력이 어떤 지식의 존재를 창조한다고 느낍니다. 하지만 사고를 통해서 힘을 만들 수 있어요. 저항의 힘이죠. 철학적 사고를 추진하기 위해 우리 세대는 반드시 고된 일을 해내야 합니다. PHEDO(타이완 고등학교 철학교육보급/홍보학회)라는 학회가 설립되었습니다. 이 사람들은 함께 모여서 뚝심을 발휘해 철학캠프를 열기 시작했고 난상 고등학교에서는 실험수업을 하고 있습니다. 교육 방송국에서는 '철학카페'라는 프로그램을 방송하기 시작했고 학회도 존재주의를 주축으로 일련의 커리큘럼을 만들었습니다.

최근에는 《프랑스 고등학생 철학교과서1, 정부는 시민의 주인인가, 종인가? 정치를 논의하는 철학의 길》을 출판했습니다. 이를 포함해 우리는 8개 강좌로 나눴는데 국가, 사회, 교환, 정의와 법률 등 여러 주제를 다룹니다.

사실 고등학교 철학교육을 추진하는 것은 무슨 위대한 이상이 아닙니다. 하지만 우리는 모두 각성했어요. 그것은 바로 우리 고등학교에서 철학을 교육해야 한다는 것이죠. 사상이 식민통치되는 가능성을 의식하지 않을 수 없어요. 서양철학이나 동양철학은 비록 각자의 지향점에서 출발해 다른 사고의 시야를 제공하지만 사상이 값진 이유는 현지의 문제의식에서 출발해 사고해야 한다는 데 있습니다. 따라서 조국으로 돌아와 사고하는 것에 힘이 있습니다.

우리는 기대합니다. 새로운 세대의 철학인들이 '우리와 같은 난쟁이의 어깨 위에 설' 수 있기를. 작은 바람이 있다면 다음 세대가 좀 더 높이 설 수 있도록, 좀 더 안정적으로 앞으로 나아갈 수 있도록 돕는 것입니다.

● 당신은 고등학교의 철학 실험수업을 어떻게 진행하고 있나요? 학생들의 반응은 어떤가요?

고등학생은 '어른으로 변하는' 중입니다. 생명에 대해 많은 호기심이 있어요. 학생들은 더 구체적으로 생각하고 싶어질 때 '존재', '허무', '자아', '타인' 등 심각한 문제들을 직접 마주합니다. 저는 일찍이 난샹 고등학교 국제인문실험반에서 수업을 한 적이 있습니다. 전체적으로 그 학생들의 수준은 훌륭했어요. 아주 열정적이었고 열린 자세로 토론하기를 원했습니다. 지도교사인 린징쥔 씨는 많은 시간을 투자해서 수업 후 학생들이 수확한 것은 뭐고 의혹을 품은 것은 뭔지 이해하고 수업을 개선할 수 있도록 해줬어요.

한번은 수업에서 '타인과 나 사이'의 관계를 토론한 적이 있어요. 그때 한 학생이 말했습니다. 사람과 사람 사이는 '감정'이고 불변의 '신념'이라고요. 또 어떤 학생은 말했습니다. 사람과 사람 사이는 '이해관계'라고요. 여기에서 우리는 질문할 수 있어요. 그럼 너와 친구 사이는 이해관계니? 통상적으로 학생들은 '그렇다'고 대답합니다. 만약 "부모와의 관계도 이해관계야?"라고 다시 물으면 '그렇다'고 말하는 사람이 있고 '아니다'라고 말하는 사람도 있어요. 많은 학생이 '그렇다'고 대답한 학생에 대해 어쩌면 좀 실망할 수도 있고 그 학생이 염세적이거나 비관적이라고 생각할 수도 있어요. 왜 사람 사이의 관계를 믿지 않는지. 하지만 만약 모든 관계가 이해관계라면 상업의 이해관계와 어떻게 구분해야 할까요. 모든 인간관계를 이해관계로 본다면 이것은 통찰이라고 할 수도 있지만 환원주의(어떤 개념을 더 기본적인 요소로 쪼개어 설명하는 것)라고도 볼 수 있습니다.

따라서 다시 무엇이 이익인가에 대한 정의로 돌아오게 됩니다. 그런 다음 다른 이해관계를 어떻게 분별할까요? 이해관계가 없는 인간관계가 존재할까요? 하지만 학생들은 총명하게 되묻습니다.

"이해관계가 없어도 일종의 이해관계인가요?"

이처럼 상대론을 보편화한 견해에 대해서 우리는 더 나아가 이렇게 질문할 수 있습니다.

"이해관계가 없는 이해관계와 이해관계가 있는 이해관계는 다른 이해관계인가?"

이렇게 쭉 토론을 이어가다 보면 다시 '이해관계'의 정의로 돌아와야 할 뿐만 아니라 더 나아가 보편성과 개별성의 구분과도 연관이 됩니다. 그리고 더 나아가 윤리학에서 나오는 이기와 이타의 구분도 나오게 되고요. 인간의 행동에 사심이 없는 경우가 있는가? 우리는 '내가 한 사람을 사랑하는 것은 이기심에서 비롯되었다'고 말할 수 있는가?

우리는 학생의 생활경험으로 철학개념을 도출할 수 있습니다.

만약 15세 학생이 "사람과 사람의 관계는 이해관계다"라는 말을 했다면 '이기심', '계산'과 '교환'으로 충만한 것처럼 보입니다. 어른은 어쩌면 그들이 지나치게 세상물정에 밝고 조숙하며 천진함을 잃었다는 데 실망할 수도 있습니다. 하지만 그들은 조만간 성숙할 것이고, 조금 일찍 우리가 된 것일 뿐입니다. 현실세계에서 우리 어른들도 이러한 '통찰력'을 갖고 있습니다. 다만 통상적으로 우리가 이상을 이미 잃었다는 걸 인정하고 싶지 않은 것뿐입니다. 학생에게 그가 그렇게 생각하도록 만든, 생활 속 관찰이나 체험이 있는지 물어볼 수 있습니다. 하지만 철학수업 중에 그의 잘못을 지적하고 바로잡을 필요는 없습니다. 우리는 깊이 분석할 수 있습니다. 이 조숙한 통찰력이 보편적인 걸까요? 아니면 사람과 사람의 관계의 복잡성을 단순화한 걸까요? 우리는 그가 더 많은 생각을 하도록 만들 수 있습니다. 그들의 조숙한 통찰력이 독단적인 생각이 되고 가능성을 잃어버리며 앞으로 사람과 사람 간의 관계를 결정하는 데 이르지 않도록.

그밖에도 정치철학과 관련된 수업이 있었습니다. 국가의 통치형태(민주, 귀족, 군주, 폭민, 과두, 독재)에 대해 토론했습니다. 비록 우리는 민주주의 체제에서 살고 있지만 우리의 일상생활이 정말 민주적인가요? 회사 기업에서는 사장의 말이 곧 법인데 그게 민주적인가요? 아니면 권위독재나 소위 계몽절대주의인가요?

우리는 민주주의 국가에 살고 있지만 민주주의는 끊임없는 반성이 필요합니다. 그것에는 늘 끊임없이 다른 힘이 침투합니다. 민주주의의 결함을 찾아내야 합니다. 우리가 민주주의에 대해 믿는 가치는 어떤 것들이 있을까요? 자유? 인권? 정치를 토론할 때는 사람과 사람 사이의 공공선이라는 걸 생각하지 않을 수 없습니다. 자신을 더 좋게 만들 뿐 아니라 공공선 안에서는 모든 사람이 더 좋게 변할 수 있습니다. 그저 자신을 하나의 위대한 이념에 몸을 던지도록 만드는 데 그치지 않고 구체적인 행동이나 실천과도 관련됩니다. 예를 들면 위대한 이념 속에 살지만 이 공동체의 개인이 비참할 수 있다면 엄청난 아이러니 아닐까요? 정치를 세부적으로 들여다보면 늘 위대한 이념을 반어적으로 풍자합니다. 일상생활에서 많은 정치적 구호를 발견할 수 있어요. 모호함과 거짓말로 가득 차 있죠. 영예롭고 밝아 보이는 정치연설은 어쩌면 모두 홍보회사가 조작한 쇼일 수 있습니다.

저는 학생들에게 위대한 이념이나 구호가 있는 독재국가를 보여주는 고전문학을 읽게 합니다. 예를 들면 《1984》나 《멋진 신세계》 같은 거예요. 이어서 학생들이 조별로 토론하게 합니다. 그런 다음 앞에 나와 발표하도록 시켜요. 다른 의견들이 부딪치고 토론하게 만들죠. 교사는 강의하는 시간 외에 토론할 때는 가능하면 개입하지 말아야 합니다(때로는 매우 어렵습니다). 우선 그들이 관건이 되는 논점을 분명하게 밝히고 정리하도록 도와줘요. 교사의 역할은 그들이 계속 토론할 수 있게 보조하는 것입니다. 때로는 그들의 생각에서 놀라운 발견을 할 때도 있어요. 과거의 위대한 철학가들처럼요. 차이점이라면 진일보한 추론을 하고 계속해서 질문을 하느냐 하는 것이죠. 저는 학생들이 개방성과 호기심을 유지하면서 문제에 대해 사고하고 흥미를 느낄 수 있도록 독려하는 것이 답을 말해주는 것보다 중요하다고 생각해요.

● 고등학교 철학수업을 하려면 철학교사는 어떻게 양성해야 할까요?

고등학교 철학교육을 추진할 때 교사양성은 단기와 장기 프로세스로 나눌 수 있습니다.

단기적으로는 타이완의 철학교육이 보급되지 않았기 때문에 단지 사고의 폭과 깊이를 촉진하기 위해서라면 고등학교 교사는 수업에서 철학개념과 사고를 첨가할 수 있습니다. 문과는 예를 들면 주체, 문화 등, 이과는 자연과학, 과학철학이나 수리논리 같은 거죠. 우선 학생의 '메타사고'를 계발하려는 시도를 해야 합니다. 바꿔 말하면 생각해보지 않았던 문제를 생각하는 거죠. 시험이 학교수업을 이끄는 우리 현실 때문에 학생들 스스로 사고하는 성과를 기다릴 만한 인내심이 부족합니다.

저는 현재 우리 고등학교 교사들도 철학적 사고를 하는 실험을 교실에 도입할 능력이 있다고 생각합니다. 점점 더 많은 사람이 이 길에서 함께 노력하고 있고요. 요즘 같은 인터넷 시대에 이런 교재나 주제를 찾는 건 어렵지 않습니다.

장기적으로는 학생에게 너무 부담을 주지 않는 선에서 철학수업을 계획하는 것입니다. 각 대학의 철학과에서 철학교사를 양성하고 일정한 선발방식을 통해 고등학교 철학교사로 적합한 사람을 찾아야 합니다. 철학을 공부했다고 해서 다 교사로 적합한 건 아니니까요. 다른 학과도 마찬가지입니다. 고등학교에서 철학을 가르치는 일이 대학의 철학과 학생들에게도 어느 정도 희망을 줄 거라고 생각해요. 물론 철학과 졸업생들에게 일자리를 주기 위해서 고등학교 철학 교육을 진행하는 것은 아니지만요.

저는 미학교육과 고전읽기를 더 강화할 필요가 있다고 생각합니다. 학생들이 비판적 사고를 하면서 상상력을 확장할 수 있을 거예요. 인터넷 시대는 새로운 학습도구를 제공했고 우리나라도 충분히 철학교사를 양성할 수 있습니다. 저는 새로운 시대의 철학교사는 우리 세대보다 더 국제성과 현지성을 갖춰 우리나라에 새로운 역량을 보충해줄 거라고 믿습니다.

또한 벽지에 가서 가르칠 수 있기를 바랍니다. '사고'라는 매혹적인 일은 자원이 많은 소수만 누릴 수 있는 것이 되어서는 안 됩니다.

• 저는 몇몇 프랑스 고등학교의 철학교사들을 만났습니다. 거의 모든 교사들이 학생들이 가장 흥미를 느끼는 개념은 욕망이라고 하던데요. 우리나라에서도 욕망을 가르칠 수 있다고 생각합니까?

안 될 게 뭐 있나요? 15, 16세 젊은이들이 가장 이해할 필요가 있는 것은 자신의 상태입니다. 자아의 탐색은 단지 마음과 의식으로 돌아오는 것에 그치지 않습니다. 그것은 육체, 욕망의 문제를 포함합니다. 욕망을 통해 비로소 자아를 완전히 이해할 수 있어요. 만약 자신의 욕망을 이해하지 못한다면 자신을 잘 안다고 말하기 어렵습니다. 자아는 욕망이 있는 의식이자 의식이 필요한 욕망입니다.

인류의 역사를 보면 항상 관치와 감시를 위해서 일종의 도덕주의, 금욕주의를 만들어냈습니다. 이데올로기로 욕망을 채찍질하고 욕망을 좋지 않은 것, 나쁜 것, 악의 근원으로 여겼습니다. 욕망을 이해하지 못하기 때문에 자아에 대한 이해도 단편적으로 변하고 심지어 맹목적으로 변하게 된 것입니다. 엄격하게 금지했기 때문에 오히려 욕망을 과장했던 때도 있었습니다.

우리는 날마다 욕망의 자극을 받습니다. 욕망을 마주하며 우리는 자신의 결핍을 봅니다. 욕망은 동시에 생산성이 있습니다. 인터넷에 성인물이 얼마나 많은가 보십시오. 하지만 욕망은 에로물만 있는 게 아닙니다. 타인과 '비교'를 통해 오는 질투와 허영심도 있어요. 타인이 있기 때문에 욕망도 개인적인 것, 내재적인 것에 그치지 않는 것입니다. 자아의 욕망은 타인의 욕망과 만나고 서로 충돌하고 서로를 필요로 합니다. 따라서 자아를 이야기하면서 욕망의 문제를 피할 수는 없어요. 당연히 욕망도 전부가 아닙니다. 자아는 사람과 사람의 다양한 접촉(대화, 교환, 성애 등)을 통해 발전하는 것입니다.

● 프랑스 고등학교의 철학수업 요강 중에서 우리 학생들이 받아들이기에 적합하거나 학생들을 끌어당기는 개념이 있을까요?

고등학생 연령층과 관련된 개념이라면 학생들을 끌어들입니다. 사춘기부터 '나는 누구인가?'를 묻기 시작합니다. 이때 의식, 잠재의식, 욕망과 같은 주체와 관련된 개념들이 떠오르죠. 다른 사람이 당신에게 '당신이 누구인지' 알려주기도 하고 당신 스스로 '나는 누구인가?'라고 묻기 시작할 때 문제가 시작됩니다.

주체를 토론하려면 우선 교사들에게 도구를 제공해야 합니다. 이런 문제들은 청소년의 마음과 신체, 상황 등과 분리해서 이야기할 수 없습니다. 그들이 자신의 상태를 이해하게 만들면 자신과 가족 또는 다른 사람과의 관계를 마주하거나 처리할 수 있게 돼요. 이 과정에서 그들이 '자각'하도록 도움을 줄 수 있습니다. '몰지각한 무고'의 상태인 중2에 머무는 게 아니고요.

청소년은 자아를 이야기할 때 어느 정도 자신의 이익을 향해 나아가면서 타인의 존재는 등한시합니다. 자기애(나르시시즘), 열등

감, 자기연민, 자해는 있는데 자아는 없어요. 우리는 철학적 사변을 통해서 자신의 감정이 독특하긴 하지만 모든 인간의 본성 속에 있다는 것, 자기만 가진 특유의 것이 아니라는 걸 이해시킬 수 있습니다. 그리고 자아는 타인, 가정, 사회 같은 '비자아'의 한 부분이라는 것을 알게 됩니다.

물론 '적합하다'는 건 학생들이 현재 '옳다고 여기는 일'에 '비위를 맞추는' 게 아닙니다. '적합하다'는 건 제대로 된 길로 이끌어주기 위해 사용하는 도구인 셈이죠. 학생들을 철학적으로 잘 이끌어주면 철학교육의 자아탐색을 통해 '미래에 무언가가 될' 가능성이 생길지도 모릅니다.

● 우리 학생들이 어떻게 철학난제를 구성해야 한다고 생각합니까?

먼저 명제를 가질 수 있어요. 개념을 분석하고 의미를 분명하게 한 다음 문제의식으로 들어가는 겁니다. 예를 들어보겠습니다.

'타이완은 포스트 식민사회인가?'

이런 명제에서 시작해서 우선 일본의 타이완 식민통치에 대해 논의할 수 있습니다. 그리고 국민당 시기에 타이완은 식민통치였는지 사고합니다. 그리고 나서 다른 국가와 비교합니다. 식민통치 형태를 비교하는 것이죠. 이로써 구체적인 맥락 속에서 개념의 차이를 찾는 것입니다. 식민은 외래에 의한 정권입니다. 침략국이 통치를 위한 목적으로 현지에서 날조해낸 계급차이는 사람과 사람 사이의 오해를 빚어냈을 뿐 아니라 일종의 불신 관계를 만들었습니다. 사람들은 점차 불평등을 당연하게 받아들이게 되었고 그런 생각들이 이 사회의 구조 속에 깊이 뿌리내렸습니다.

우리는 이 과정을 통해 '포스트 식민'이 우리 몸에 남긴 잔재를 다시금 반성할 수 있습니다. 기득권층이든 억압받는 쪽이든 우리가 어느 편에 서서 사고하더라도 마찬가지입니다. 물론 가장 재미있는 점은 억압받는 사람들은 기득권층이 되고 싶어 한다는 것입니다. 원래 침략국이 강요했던 평등과 불평등을 다시 강화했습니다. 이 과정 속에서 제가 드러내려고 시도한 것은 평등의 가치에 관한 것입니다. 동시에 불평등이 후천적이거나 허구인지를 사고했습니다.

● 다년간의 경험에 비춰볼 때 타이완에서 고등학교 철학교육을 추진하는 게 어렵나요? 구체적인 어려움과 보이지 않는 어려움은 뭐가 있나요?

어렵다면 확실히 어렵죠. 철학이 오명을 얻게 된 과정을 보면 어른들이 지나치게 실용과 공리성을 중시한다는 걸 알 수 있어요. 우리는 사람들이 '철학은 쓸데없다'고 앞장서서 제창하는 걸 항상 듣습니다. 또 '쓸데없어 보이는 게 실제로 아주 쓸모 있다'고 말하는 사람도 있습니다. 저는 동의하지 않습니다. 쓸데없다는 건 수단이고 쓸모가 크다는 건 목적 같지만 실용의 가치를 재차 강조하는 것에 지나지 않습니다.

이미 많은 사람이 다양한 방식으로 차근차근 해나가고 있다는 점은 다행입니다. 물론 고등학교 철학교육을 추진하는 교사들이 아직 많지 않고 교재도 여전히 부족합니다.

보이지 않는 어려움은, 어른들이 실용과 공리 사상에서 벗어나도록 어떻게 설득하느냐 하는 것입니다. 사실 대학교에서는 복수 전공을 할 수 있습니다. 철학을 다른 과와 같이 전공해서 사람들이 철학무용론이라는 미신을 복제하지 않도록 만들 수 있습니다. 하지만 현재의 상황을 뒤엎으려면 1세대, 2세대의 노력이 필요할 겁니다. 서둘러서는 안 돼요.

● **당신은 우리 고등학교 교과과정표에 '수업 하나가 빠졌다'고 강조한 바 있습니다. 그렇다면 철학수업과 사회과목과의 차이는 어디에 있나요? 헷갈리지 않을까요?**

사회과목의 내용을 자세히 살펴봤습니다. 국가, 법률, 사회, 교환 등을 다루는 것은 모두 정치철학의 영역입니다. 철학수업에는 정치만 있는 게 아니라 문화, 도덕, 자아, 이성, 진실, 논증까지 포함합니다. 철학수업은 사회수업에만 머무르지 않습니다. 예술, 문화, 논증의 측면 때문에 사회과목에서는 철학을 제대로 다룰 수 없어요.

또한 우리가 필요한 것은 시민을 키우는 일이지만 더 중요한 것은 한 사람이 그 자신, 온전한 개인이 되도록 만드는 것입니다.

● 제가 조사한 바로는 많은 학부모가 학생들의 학업이 이미 과중하다는 반응을 보였어요. 어떻게 수업 하나를 더 늘리냐면서요. 만약 철학을 수업하기 위해 다른 과목을 줄여야 한다면 어떤 과목을 줄여야 한다고 생각하나요?

사실 철학을 넣는다고 해서 부담이 엄청 큰 과목을 늘리는 게 아니에요. 12년 국민기본교육에는 실험수업, 생명교육도 있고 고등학교에서 자체적으로 선택하는 특별수업도 있어요. 철학수업은 그 속에 편입될 수 있습니다. 수업시수를 조정할 수도 있습니다. 예를 들면 국어교육 같은 경우, 언어는 사고에 없어서는 안 되는 도구이기는 하지만 고등학교에 들어가면 더 중요한 것이 있어요. 언어를 통해 사고하고 반성하면서 스스로 자기에게 속한 시야와 깊이를 마주하고 형성하는 것입니다. 아름답고 화려한 문체를 암기하면서 공허함을 느끼는 게 아니고요. 만약 제가 건의한다면, 어문수업 시간을 줄여서 철학수업을 하겠습니다.

저는 철학을 시험과목에 넣지 않기를 제안합니다. 철학은 청춘의 부담이 되어서는 안 됩니다. 그렇다고 학생들이 다른 사상의 깊이와 아름다움을 느끼고 이해할 기회를 박탈해서도 안 됩니다. 철학이 대표하는 것은 사고의 가능성입니다. 젊은이들이 좀 더 일찍

자주적인 판단, 이성적 사고를 배우거나 생명에 대한 아름다운 상상을 할 수 있게 해야죠. 이것이야말로 가장 훌륭한 교육입니다.

● **고등학생 철학교과서 외에 어떤 철학서를 추천하겠습니까?**

조지 오웰의 《동물농장》, 데카르트의 《팡세》, 프란츠 파농의 《검은 피부, 하얀 가면》, 니체의 《도덕의 계보학》, 플라톤의 《이상국가》, 프로이트의 《문명 속의 불만》, 푸코의 《감시와 처벌》이요. 자유분방함을 배우려면 《장자》를 읽어보는 것도 괜찮습니다.

선생님께서 말씀하신 답이 정말 '답'인가요?
확실한 답은 없지 않나요? 진리가 어디에 있는지 모르잖아요.

세계를 보는 방식과 관련해서 '포스트모더니즘(탈현대주의)',
'구조주의'를 '모더니즘'과 비교해서 설명해주실 수 있나요?

우리가 이야기하고 있는 철학은 인류에게 있어서
일종의 사상해방인가요?
아니면 또 다른 문명의 표현인가요?
철학은 우리가 어떤 고정된 틀에서 벗어나 세계를 보는
시각을 바꿔준다는 데 의의가 있나요?

PART 3

프랑스
고등학생에게
철학수업이란

"철학의 문제는
생명 본연의 여러 가지 문제를
처리하는 것에 지나지 않는다."

_조르주 캉길렘Georges Canguilhem

프랑스 대학생들이
철학수업을 회상하다

나는 고3 때 철학수업을 받은 프랑스 대학생 6명을 만났다. 그들 중에는 같은 고등학교를 다닌 친구도 있고, 같은 반 친구였던 사람도 있다. 문과도 있고 이과도 있다. 이들은 2년 전 철학수업을 회상하며 느낀 점들을 이야기해줬는데 상당한 차이가 있었다.

| 인물 소개

바우티스타: 파리 교외에 있는 고등학교에서 이과를 공부했고 바칼로레아 성적이 우수해서 2년 과정인 그랑제꼴 준비학교Classes

Préparatoires aux Grandes Ecoles, CPGE에 다니고 있으며 올해 그랑 제꼴 입학시험을 치렀다.

토마: 바칼로레아 시험을 다 보고 먼저 1년 과정인 예술대학 예 과를 다닌 다음 원하는 학교 시험에서 떨어졌다. 그는 일명 숙박 교환(일한 급여를 주는 대신 숙박을 제공하는 것)으로 반 년 이상 러시 아, 몽골, 중국을 여행한 뒤 파리로 돌아와 영화제작학교 입학을 준비하고 있다.

칼라하: 칼라하는 파리사립고등학교 문과 졸업생이다. 현재 파리 제3대학에서 문학과 미디어를 공부하고 있다.

루이스: 루이스, 칼라하, 엠마, 에블린은 모두 고등학교 동창이다. 루이스는 칼라하와 고등학교 1학년 때 같은 반이었고 2학년 때 이과로 간 뒤에 에블린과 같은 반이 되었다. 바칼로레아를 치르 고 나서 루이스는 원하던 건축을 전공했으나 너무 어려워서 다 시 1년을 공부한 뒤 예술사로 전공을 바꿨다.

엠마: 고등학교 2학년 때 루이스와 같은 반이었다. 엠마는 고등학 교 2학년 때 수학성적이 중간 정도 수준이었다. 엠마는 항공우주 학교Institut supérieur de l'aéronautique et de l'espace, ISAE에 진학하고 싶었다. 그런데 이 학교는 내신 성적, 그중에서도 특히 수리과목 을 중시해서 엠마는 1년 더 공부해서 수학성적을 올리기로 했고 2015년 마침내 꿈에 그리던 항공우주학교에 입학했다.

에블린: 루이스와 고등학교 이과를 같이 다녔다. 현재 파리 제7대학 중문과에 재학 중이다.

● **다른 과목과 비교했을 때 철학이 특별한가요?**

바우티스타: 철학수업은 확실히 달라요. 반에서 학생들이 교류하고 토론할 기회가 많거든요. 선생님이 논의할 거리를 주시면 학생들은 나름대로 생각하고 토론하죠. 토론하는 과정에서 선생님은 상반된 이유를 자주 제시하면서 저희들이 활발하게 사고할 수 있도록 자극하세요. 철학수업에서 철학사와 위대한 사조에 대해 수업할 필요가 있다고 생각해요.

토마: 다른 과목에 비해서 철학수업을 할 때 교실 분위기가 훨씬 자유로워요. 가끔은 수업이 아니라 친구들끼리 수다 떨고 얘기하는 것 같다는 느낌을 받기도 해요.

칼라하: 토론할 때 분위기가 뜨거웠다는 것 말고는 철학수업이 딱히 특별했던 것 같지는 않아요. 저는 그게 선생님이랑 관련이 있다고 생각하는데요. 철학수업이 특별한지 아닌지는 선생님이 어떻게 가르치는지를 봐야 하는 것 같아요.

루이스: 저희 반은 철학수업을 할 때 선생님이 계속 강의를 하셨고 실질적으로 교류하고 토론하는 건 없었어요.

엠마: 저는 우리가 어떤 일들을 이해하는 데 도움을 주기 위해 철

학수업이 필요하다고 생각해요. 예를 들면 행복, 우정, 예술 같은 거요.

에블린: 선생님은 수업하면서 가끔 남는 시간에 논술쓰기 연습을 시키셨어요.

● **철학수업이 재미있었나요? 아니면 지루했나요?**

바우티스타: 재미있었어요. 철학수업에는 꽤 많은 '자유'가 있어요. 저희는 논점을 판단하고 지지할 자유가 있었죠. 반대하는 입장이면 그 이유를 제시해서 다른 친구들이나 선생님을 설득했고 반대로 상대방의 논점에 설득이 되기도 했는데 전 그게 상당히 재미있더라고요. 제가 흥미를 느끼지 못했던 건 철학이론 수업이었어요.

토마: 철학수업은 정말 재미있어요. 다른 과목 수업이랑 전혀 다르기도 하고 저희가 아무 제한 없이 자유롭게 사고할 수 있었으니까요.

칼라하: 만약 일주일에 8시간이나 하지 않았다면 철학수업이 재미있었을 거예요.

루이스: 제가 받았던 철학수업은 너무 지루했어요. 저는 이게 선생님 때문인 거 같아요. 철학이 무슨 잘못이 있겠어요?

엠마: 너무 지루했어요. 단지 선생님 때문이라기보다는 수업 자체

가 무겁고 칙칙해서 그런 거라고 생각해요.

에블린: 수업 내용에 따라 달라요. 그런데 대부분 무미건조한 것들이긴 했죠. 저는 이게 수업방식이랑 관련 있다고 생각해요.

• 여러분에게 중요했거나 재미있었던 개념은 어떤 것들이 있나요?

바우티스타: 자유로운 판단, 자유, 루소철학의 성선설이나 성악설 등이 다 흥미로운 주제였어요.

토마: 기억이 잘 안 나네요. 그래도 모든 개념이 다 재미있었고 중요했던 것 같아요.

칼라하: ……..

루이스: ……..

엠마: 솔직히 말해서 저는 고3 때 철학수업을 잘 안 들었어요. 그나마 행복, 예술, 사회 이런 개념들은 재미있었던 것 같네요. 재미없었던 건 국가였고요.

에블린: 주체, 이성, 현실과 도덕이요.

• 논술문제와 텍스트 논평 중 어떤 게 더 어려웠나요?

바우티스타: 이건 바로 대답할 수 있어요. 논술문제가 더 어려웠어요. 충분한 지식과 정보가 있어야만 문제에 답할 수 있거든요. 문제는 고3이 돼서야 철학수업을 시작한다는 거예요. 적어도 이과에

서는 논술을 연습할 시간이 별로 없어요. 배우는 것도 많지 않고요.

토마: 문제를 봐야겠죠. 텍스트 논평은 서술방법이 어려운 거고요. 논술문제는 답안을 쓸 때 나의 생각과 지식을 동원해서 쓸 수밖에 없다는 게 어려운 거예요. 내가 갖고 있는 능력이 충분한지 여부에 달려 있는 거죠.

칼라하: 논술문제는 재미있는 편이에요. 논술문제가 좀 더 간단한 것 같네요.

루이스: 저는 논술문제가 더 어렵다고 생각해요. 왜냐하면 깊이 있는 지식이 필요하거든요.

엠마: 텍스트 논평이 더 어려워요. 일단 글을 제대로 이해해야 해요. 그런데 저는 텍스트에서 말하는 논리가 저희 같은 젊은 세대의 논리와 좀 다르다고 느낄 때가 종종 있어요. 그래서 글을 봐도 잘 모르는 경우가 대반이에요.

에블린: 텍스트 논평이 어려워요. 작가의 관점을 설명해야 하는데 그게 어렵거든요. 논술문제는 기본적으로 내가 알고 있는 지식을 주제와 연결시켜서 작성하는데 그런 면에서 논술이 저한테는 좀 수월한 편이에요.

● **가장 인상 깊었던 철학가는 누가 있나요?**

바우티스타: 루소, 세네카, 소크라테스, 에피쿠로스 학파요.

토마: 다 까먹었어요.

칼라하: 모르겠어요.

루이스: 데카르트요. 아마도 제가 이과여서 그런지 선생님은 데카르트 학설을 굉장히 강조하셨어요.

엠마: 아리스토텔레스, 플라톤, 밀러, 벤담, 루소요. 왜냐하면 저는 그 철학가들에게서 사고하는 법을 배웠거든요.

에블린: ……

● **철학난제를 구성하는 게 어렵나요?**

바우티스타: 어떤 주제나 문제를 가지고 철학난제를 구성하는 게 그렇게 어려운 건 아니에요. 저는 문제 속에서 철학난제를 구성하는 법은 우리가 어느 정도 알고 있다고 생각해요. 난제를 구성할 수도 있고요. 저는 짜임새 있게 답을 작성하고 앞뒤 내용을 서로 호응되도록 긴밀하게 연결시키는 게 가장 어려웠습니다.

토마: 그런대로 괜찮아요. 일단 문제를 충분히 이해해야 한다고 생각해요. 어렵고 안 어렵고는 어떤 문제인지를 봐야 알 것 같네요.

칼라하: 정말 어려워요! 우리는 보통 개괄적으로 글을 쓰잖아요. 문제와 부합하는 철학난제를 찾는 건 진짜 너무 어려워요.

루이스: 기억이 안 나요.

엠마: 어렵지 않아요. 하지만 학생들의 능력이 제각각이라 체감

난이도도 달라요.

에블린: 어렵다고 생각하지 않아요. 문제를 자세히 읽으면 가능해요.

● 바칼로레아를 치르고 2년이 지났는데 고3 때 배운 철학수업이 여전히 여러분에게 영향을 주고 있나요?

바우티스타: 당연하죠. 그때 굉장히 흥미를 느꼈던 주제들은 지금까지도 제게 영향을 주고 있어요. 특히 영향을 주고 있는 중요한 원칙이 하나 있는데, 어떤 기본적인 이념에 대해 찬성을 하든 반대를 하든 반드시 깊이 생각하고 이유를 제시해야 한다는 거예요.

토마: 와! 대단한데?

칼라하: 거의 없어요. 하지만 주제와 개념을 배우는 것도 세상을 만나는 또 하나의 방법이라고 생각해요.

루이스: 고3 이전에도 저는 철학에 대해 관심이 많았어요. 하지만 저희 반 철학수업은 너무 싫었어요.

엠마: 일부 철학가들의 추론을 통해서 철학을 알게 됐고 적잖은 영향을 받았죠. 앞으로도 계속 저한테 많은 영향을 줄 것 같아요.

에블린: 별로 없어요.

● 철학수업이 이후 여러분의 세계관에 도움이 됐다고 생각합니까?

바우티스타: 아주 많아요. 저는 고3 철학수업 덕분에 제 지식이 한

충 무르익었다고 생각해요.

토마: 당연하죠. 모든 철학개념이 이 세상을 다시 볼 수 있게 만들어줬어요.

칼라하: 방금 전의 질문에서 제가 이미 대답을 해버렸네요.

루이스: 그렇기도 하고 아니기도 해요. 철학수업은 세상을 바라보는 저의 시각을 바꿔놓았어요. 예전에는 철학적 사고가 세상을 더 발전시킬 거라고 생각했어요. 그런데 지금은 모든 문제에 끝없는 해답이 존재하는 것 같아요. 이건 어디까지나 다른 사람의 해답이에요. 우리는 타인의 해답 속에서 자신의 답을 증명해야 해요. 이게 우리의 관점을 한정하죠. 그래서 아까처럼 긍정도 부정도 아닌 대답을 한 거예요.

엠마: 도움이 안 된 거 같아요.

에블린: 많은 걸 배우긴 했지만 세상을 보는 저의 관점에 영향을 줄 정도는 아니었다고 생각해요.

● **졸업한 지 2년이 지났는데 철학수업을 했던 장면이 아직 기억납니까?**

토마: 언젠가 철학 선생님이 바이올린을 켜신 적이 있는데 연주가 너무 훌륭해서 기억에 남아요.

칼라하: 생각이 안 나네요.

루이스: 엄청 지루하고 따분했어요. 다시 한번 말하지만 선생님이

정말 중요해요.

엠마: 솔직히 말해서 철학수업에 대한 기억이 가물가물해요.

● **철학적 사고를 한다는 게 여러분에게는 가능한 일인가요?**

바우티스타: 저는 가능해요. 우리는 매일 철학적 사고를 하고 있어요. 끊임없이 문제를 제기하죠. 이런 식으로 진실과 진리를 찾아요. 그런데 철학적 사고를 하는 데는 몇 가지 단계가 있어요. 철학 수업은 한 걸음씩 우리가 앞으로 나아가게 만들어줍니다.

토마: 당연하죠.

칼라하: 네!

루이스: 난감하네요. 그 문제를 생각하지 않은지 오래예요.

엠마: 당연하죠! 모든 사람이 사고를 해요. 동시에 의문을 제기하죠. 어떤 사람에게는 추리하는 게 매우 쉽겠지만 모든 사람이 동일한 추론능력을 가지고 있는 건 아니에요.

에블린: 가능해요!

● **여러분은 영화를 논증의 소재로 삼을 수 있나요? 예를 들어주세요.**

바우티스타: 프랑수아 트뤼포의 〈와일드 차일드〉와 숀 펜의 〈인투 더 와일드〉요. 사회 속 인간의 상황에 대해 이 두 영화는 생각해볼 만한 문제들을 많이 던져줬어요.

토마: 영화를 가지고 설명한 적이 있는데 그게 〈배트맨〉이었어요. 그런데 그때 왜 〈배트맨〉을 논거로 들었는지 기억이 잘 안 나네요.

칼라하: 없어요.

루이스: 아뇨.

엠마: 저는 보통 그림을 가지고 사람의 자연적 천성에 대해 이야기했어요.

에블린: 없어요.

프랑스에서 자란
리허가 경험한 철학수업

리허理蘇는 프랑스에서 자라며 고등학교 철학수업을 들었다. 리허는 나와 대화를 나누며 솔직담백하게 자신의 경험을 이야기해주었다. 고등학교를 졸업한 지 2년이 지나 철학수업은 어느새 추억이 되었지만 아직도 리허가 사고하는 방식에 영향을 주고 있는 것 같았다.

● 철학수업을 시작했을 때 어려웠나요?

어렵지 않았어요. 다른 친구들은 어땠는지 잘 모르겠지만요. 처음 수업을 시작했을 때 선생님은 먼저 개념을 소개하셨어요. 모두 선생님이 말씀하신 게 뭔지 이해해야 했죠. 우리는 그 개념들을 몰랐으니까요. 불어 글자 중에 철학에서는 다른 의미로 쓰이는 게 있어서 그런 것도 있어요. 예를 들면 불어로 'necessaire'는 '필수적'이라는 뜻인데 철학에서는 '필연'이라는 뜻으로 쓰여요. 개념을 소개한 뒤에 선생님은 각 학파의 관점을 소개해주세요. 이런 식으로 우리는 생각이 많아지고 천천히 질문을 던지게 돼요. '왜 그런 걸까' 하고 묻게 되는 거죠.

● 철학 선생님이 어떻게 가르치셨나요?

토론을 할 때도 있고 선생님이 개념과 텍스트를 해석하실 때도 있었어요. 선생님은 본인의 견해를 말씀하시고 우리에게 그 의견에 동의하는지를 물으셨어요. 선생님의 견해가 빈약하다고 생각하는지도 묻고요. 예를 들면 국가에 대해 수업하면서 무정부주의는 사람의 본성이 선하다고 생각하기 때문에 국가가 관리할 필요가 없다고 여긴다고 설명했어요. 하지만 천성이 선하지 않은 사람이 있거나 천성이 착했다가 나중에 나쁘게 변한다면 반드시 국가가 나서서 구속해야 하죠. 홉스가 "인간은 끊임없이 싸운다"고 말한 것처럼요. 그래서 조직이 필요하고 홉스가 '리바이어던(거대한 바다괴물 리바이어던에 국가를 비유)'이라는 관점을 제시한 거예요. 국가야말로 인간의 안전을 보장할 수 있다고 생각하면서요.

우리 선생님은 정치인류학자 피에르 클라스트르의 《국가에 대항하는 사회》라는 책을 가져오셨어요. 선생님은 우리에게 국가가 없어도 국민들은 잘 살 수 있다고 설명하셨어요. 아마존 유역에는 아직도 부락이 많아요. 부락 사람들의 사회체제는 국가가 통치할 수 없는 형태예요. 클라스트르도 루소가 인류의 천성에 대해 무지하다고 비판했어요.

그리고 원시사회는 낙후된 사회가 아니에요. 국가가 없는 사회는 또 다른 선택이죠. 모든 사람은 자기 생활을 위해서만 일해요. 그러니까 매일 4시간 정도만 일해도 충분해요. 그 사람들은 채집과 수렵을 하며 살아가요. 남자들은 사냥을 하고 여자들은 채집을 하죠. 만약 채집을 하는 남자가 있으면 사람들은 그 사람을 여자라고 여기고 남편을 찾아줘요.

클라스트르는 우리가 원시사회에 굉장히 큰 편견을 가지고 있다고 말해요. 생산이 부족하고 기술이 낙후된 사회로 생각한다는 거죠. 사실은 그렇지 않은데 말이에요. 원시시대 사람들은 차분하고 풍요로워요. 겸손한 풍요로움이죠. 이런 사회는 국가의 출현과 강제적 권력을 막을 수 있어요. 국가가 없는 사회는 계급이 없어요. 클라스트르는 마르크스를 비판해요. 왜냐하면 계급이 경제가 아니라 국가에서 비롯된다고 생각하거든요. 그래서 우리는 '국가가 없으면 우리는 더 잘 살 수 있는가? 혹은 더 자유로워지는가?'와 같

　1교시 철학수업

은 문제를 만나면 다른 논거를 제시할 수 있게 됐죠.

한번은 선생님이 대답하기 곤란한 질문을 하신 적이 있어요. 철도 위에 사람이 5명 있는데 그 사람들이 거기에서 뭘 하고 있는지는 몰라요. 아마 무슨 작업 중이겠죠. 사람들은 안전모를 쓰고 있어서 기차가 오는 소리를 듣지 못해요. 기차가 점점 가까워지고 곧 사람들을 칠 거예요. 그런데 다른 쪽 철로를 보니까 혼자 일하고 있는 사람이 있어요. 이때 당신이 손잡이를 돌리기만 하면 기차가 다른 쪽 철로로 가게 만들 수 있어요. 그러면 한 사람만 죽는 거죠. 이런 상황에서 손잡이를 돌리겠냐는 게 선생님의 질문이었어요. 반 친구들 대부분이 "네"라고 대답했어요.

또 이런 문제도 내셨어요. 철도 다리 위에 안전모를 쓴 사람 5명이 고개를 숙이고 일을 하고 있어요. 기차가 와요. 다리 위에 뚱뚱한 사람이 있는데 그 뚱보를 철도 위로 밀기만 하면 기차를 막을 수 있어요. 하지만 그 사람은 목숨을 잃게 되죠.

선생님이 질문하셨어요.

"여러분이라면 뚱보를 밀겠습니까?"

대부분의 친구들이 "아니오"라고 말했어요.

선생님이 말씀하셨죠. 첫 번째 경우는 기차가 사람을 죽이는 것이고 두 번째 경우는 우리가 사람을 죽인다고 생각하는 거라고요. 같은 동작인데 도덕적인 행동이 되기도 하고 비도덕적적인 행동이 되기도 하면서 직접살인이 되기도 하고 간접살인이 되기도 하는 거예요. 선생님은 그 맥락에서 도덕을 설명하셨어요. 도덕이라는 개념을 수업하는 첫 시작이 매우 흥미로웠죠.

• 반 친구들은 그런 개념을 좋아하던가요?
친구들은 대부분 '자유'라는 개념을 좋아했어요. 왜냐하면 내가 하는 모든 일이 진짜 나 스스로 결정하는 것인지 알고 싶었으니까요.

스피노자와 홉스가 그랬죠. 인간의 자유는 욕망의 통제를 받기 때문에 인간은 진정으로 자유로운 게 아니라고요. 하지만 사르트르는 인간의 자유는 결코 허상이 아니며 그 사람의 행동으로 나타나는 거라고 말했어요. 그래서 인간은 죽기 전까지는 자유롭다고 했죠. 사람의 행동을 보고 그 사람이 누구인지를 결정하는데 죽고 나서야 비로소 자유를 잃게 된다고요. 사르트르는 나에 대한 다른 사람의 견해가 중요하다고 말했어요. 만약 내가 어떤 방에 있는 사람을 작은 구멍으로 엿보고 있는데 뒤에서 발자국 소리가 들리면 염탐하던 걸 멈출 거예요. 만약 뒤에 아무도 없다면 아까처럼 계속 엿볼 거고요. 이것은 '자유와 의식'이라는 개념과 관련 있어요.

홉스, 스피노자, 피에르 부르디외의 관점에서 보면 나를 부자유스럽게 만드는 요소들이 많다는 걸 알 수 있어요. 사회적 요소도 영향을 미쳐요. 예를 들면 우리나라 학생들은 대학에서 과를 선택할 때 부모가 하라는 대로 하지만 프랑스 학생들은 부모의 영향을 받지 않아요. 자기가 매우 자유롭다고 생각하죠. 하지만 꼭 그렇지는 않아요! 외부의 영향을 받을 수도 있거든요. 본인 스스로 자유롭게 선택한 게 아니라는 뜻이죠. 자유에 대한 분석이 저는 굉장히 재미있었어요.

사람들은 대부분 '진실'이란 개념을 별로 좋아하지 않아요. 만약 데카르트처럼 모든 것에 회의적인 사람이라면 아마 이렇게 질문할 거예요. "진실은 오직 하나뿐인가?"라고요. 만약 내가 어떤 기계 속에 있다면 영화 〈매트릭스〉에서처럼 내가 보는 건 전부 컴퓨터 속 가상화면일 테고 근본적으로 그건 진짜가 아닌 거죠.

내가 모든 것에 대해 반대한다고 해도 '나는 생각한다. 고로 존재한다'라는 명제만큼은 부정할 수 없어요. 진실은 하나뿐이거든요. 내가 '진짜'이기 때문이죠.

진실이 존재하기 때문에 사람들은 규명을 해요. 진상을 조사하는 것처럼 말이죠. 그런데 진실을 알려고 하지 않을 때도 있어요. 만약 누가 티셔츠를 하나 샀다고 쳐요. 예쁘고 값도 저렴해서 기분이 좋아요. 그런데 상표에 '메이드 인 방글라데시'라고 적혀 있는 거예요. 텔레비전에서 노동력을 착취하던 방글라데시의 공장을 본 적 있잖아요. 방글라데시 의류공장은 작업환경이 열악하고 옷을 만드는 공장직원들의 삶은 너무 가여워요. 하지만 사람들은 이런 진상을 알고 싶어 하지 않아요. 예쁜 옷을 입으면 그만일 뿐 진실은 알려고 하지 않죠.

덴마크 영화 〈셀레브레이션〉이 좋은 예인데요. 부유하고 사회적 지위가 있는 아버지가 친한 친구를 별장에 초대해 자신의 60세 생일 축하파티를 열어요. 그런데 파티가 있기 얼마 전, 딸이 자살을 해요. 손님들이 한창 파티를 즐기고 있는데 아들이 갑자기 사람들 앞에서 아버지에 대해 폭로하죠. 단정하고 교양 있는 아버지가 어렸을 때 자신과 자살한 쌍둥이 누나를 성폭행했다고요. 어머니는 아들이 상상력도 풍부하고 마음이 연약해서 말도 안 되는 소리를 하고 있다며 사람들에게 해명을 하려고 해요. 아들은 또 어머니가 우연히 그 성폭행 장면을 목격했다고 말해요. 그러고는 아버지에게 자신이 결례를 범하기라도 한 듯 죄송하다고 해요.

그런데 손님들과 형은 남자주인공이 한 말을 믿고 싶어 하지 않아요. 자기가 알고 있는 진실이 맞다고 믿으며 주인공의 말을 묵살해버려요.

영화가 계속되면서 가족과 친구들이 굳게 믿었던 진실에 점차 금이 가기 시작해요. 그들이 스스로 믿었던 게 허상이었다는 걸 받아들이고 나서야 사실의 진상이 드러나요.

우리도 종종 이럴 때가 있어요. 내가 굳게 믿어왔던 진실을 믿죠.

그래야 비교적 '편안'하니까요. 원래 내가 믿었던 것이 '잘못됐다'는 걸 마주하고 싶지도 않고 견딜 수도 없는 거예요.

〈셀레브레이션〉이란 영화는 사회의 개념과도 관련이 있어요. 왜냐하면 대가족은 마치 한 사회와 같거든요. 누군가 이의를 제기하면 사회 전체가 똘똘 뭉쳐서 그 사람에게 대항하죠. 사회는 인간을 동질화시켜요.

제가 예를 하나 들게요. 반에 친구 하나가 수업시간에 소변을 보러 갔어요. 원래는 국경일이 10월 10일인데 선생님이 지금은 국경일이 12월 25일이라고 했다 가정해보죠. 화장실에 다녀온 학생이 반에 돌아오자 선생님이 친구에게 국경일이 언제인지 물었어요. 친구는 10월 10일이라고 대답했지만 선생님을 포함해서 다른 학생들이 모두 12월 25일이라고 말하는 거예요. 그러자 친구도 생각을 바꿔서 다른 친구들의 의견에 동조했어요. 사회는 동일시하는 공간이라 진실과 충돌할 때가 있어요.

● **또 어떤 개념이 재미있었나요?**

'잠재의식'이요. 이과 친구들 중에 몇몇은 철학수업을 정말 좋아했어요. 특히 주체에 관한 개념이요. 왜냐하면 그 친구들이 듣는 다른 수업들은 전부 형편없고 지루하거든요.

잠재의식과 관련해서 우리는 정신분석을 배웠어요. 선생님이 예를 하나 들어주셨어요. 50세가 넘은 여성이 사위랑 같이 프로이트를 만나러 갔어요. 여성은 남편이 왜 외도를 하는지 모르겠다고 말했어요. 그런데 남편은 그녀에게 잘했고, 외도한다는 증거도 없었어요. 프로이트는 가만히 그녀를 관찰하다가 마침내 이 여성이 잠재의식 속에서 사위를 짝사랑하고 있다는 걸 알게 됐죠. 남편에게 내연녀가 있다는 건 핑계였고 오히려 남편에게 못되게 굴고 있었던 거예요.

어느 날 내가 특별한 옷을 입었는데 하필 그날 무서운 일이 일어났다면 그날 이후 그 옷을 입을 때마다 마음이 불편할 거예요.

또 휴대폰 알람소리도 있는데요. 우리는 알람을 들으면 꼭 일어나야 한다는 생각이 들어요. 만약 버스에서 그 소리를 듣는다면 당연히 불편할 수밖에 없어요. 이렇듯 자기도 모르게 하는 일들은 전부 뇌가 하는 거예요. 내 느낌이 아니고요. 쓰레기차 음악이 들리면 얼른 뛰어나가 쓰레기를 버리는 것처럼 말이에요.

• 철학 선생님이 어떤 영화를 보여주셨나요?

언어 개념을 배울 때 선생님이 프랑수아 트뤼포의 〈와일드 차일드〉를 틀어주셨던 게 기억나요. 숲속에서 야생으로 자란 '빅토르'라는 아이의 실화를 바탕으로 한 영화였어요. 그 아이가 왜 야생에서 자라게 됐을까요? 여기에는 두 가지 견해가 있는데 하나는 아이가 너무 이상해서 부모가 그를 버렸다는 거고요. 다른 하나는 부모가 아이를 버렸는데 아이가 소통할 사람이 없어서 이상하게 변했다는 거예요. 만약 우리가 어려서부터 소통하지 않으면 말도 할 수 없고 걷는 것도 다른 사람이랑 달라져요. 사람은 다른 사람과 사회로부터 배우기 때문이죠. 태어나면서 자연적으로 할 수 있는 게 아니고요.

이 영화는 '자아의식'에 대해서도 이야기해요. 동물은 자아의식이 없어요. 고양이한테 거울을 비춰주면 고양이는 거울 속에 비친 모습이 자신이라는 걸 몰라요. 이 영화에서 빅토르도 처음에는 거울을 봤을 때 거울 속에 있는 사람이 본인이라는 걸 몰랐어요. 어느 정도 시간이 흐른 뒤에야 거울 속에 반사된 모습이 자신이라는 걸 알게 됐죠.

● 그럼 학생이 참고한 영화는 전부 선생님이 소개해주신 거였어요?

제가 스스로 찾아서 봤던 영화가 대부분이에요. 선생님이 언급하셨거나 수업 시간에 틀어주셨던 영화가 아니라 내가 봤던 다른 영화를 가지고 분석하면 선생님도 분명 더 재미있다고 느끼게 돼요. 선생님이 못 봤던 영화라면 제가 분석을 잘했다고 생각하고 보다 흥미롭게 받아들일 거예요. 모든 사람이 선생님이 주신 참고자료만 사용하면 시험지를 채점하실 때 틀림없이 괴로울 거예요.

● 수업시간에 배운 철학가 중에서 중요하다고 생각한 사람은 누군가요?

소크라테스, 플라톤, 루소, 데카르트, 샤르트르, 칸트, 하이데거요. 근데 뒤에 두 사람은 무슨 얘길 했었는지 다 잊어버려서 다시 제대로 읽어봐야 할 것 같아요. 저희 수업에서는 푸코에 대한 내용이 많지 않았어요. 수업에서 푸코를 많이 다뤘다면 푸코가 중요한 철학가라고 생각했을 거예요.

저는 루소가 굉장히 흥미롭더라고요. 《인간 불평등의 기원》이라는 책은 정말 중요해요. 루소가 볼 때 선천적으로 좋은 사람이나 나쁜 사람은 없어요. 모두 사회의 영향을 받은 사람들이죠. 《사회계약론》에서 루소는 자유는 자기가 스스로에게 주는 거라고 말했어요. 스스로 시민이 되게 하는 거죠. 자신이 정한 규칙을 존중하는 것이야말로 최고의 자유라고 여겼어요.

일반적인 선거도 진정한 자유가 아니죠. 브렉시트Brexit를 봤을 때 영국 국민들은 투표하는 순간에만 자유로운 거예요. 투표가 끝나면 '양떼'처럼 돼요. 그래서 반드시 파면권이 있어야 하는 거고요.

프랑스의 공화사상과 관련해서 과거에는 루소가 상당한 영향력을 발휘했지만 지금은 영향력이 있는지 잘 모르겠어요.

소크라테스가 그랬죠. 권력을 좋아하는 사람은 공공의 이익을 목표로 하지 않으며 권력을 잘 행사할 수 있는 사람이 아니라고요. 그래서 고대 아테네에서는 제비뽑기로 선거를 했어요. 아테네 시민들이 제비뽑기를 했고 500인 평의회를 구성했죠. 모든 시민은 법안을 제출할 수 있었어요. 모든 사람은 평생에 두 번밖에 평의회 구성원이 될 수 없었기 때문에 장기집권을 할 수 없었고 절대적인 권력이나 부패도 없었어요.

우리는 늘 선거에 출마한 후보자들에게 장점이 있다고 생각해요. 고학력자라든지 하는 장점들이요. 그런데 그건 그들의 이력에 불과해요. 그런 이력이 있다고 해서 꼭 정치적으로 능력 있는 사람이라고는 할 수 없어요. 정치학과를 나온 사람들이 어쩌면 프랑스 국립행정학교 l'ENA, 프랑스 정치 엘리트를 양성하는 고급공무원의 요람를 졸업한 사람들보다 정치인 또는 민의를 대표하는 사람에 더 적합할지도 몰라요. 왜냐하면 그 사람들은 다른 계층, 사회적 다수에서 왔기 때문이죠. 그래서 대개 군중의 이익을 대변해요. 엘리트 계층에서 온 사람들은 자신의 이익이 프롤레타리아 대중의 이익일 수가 없어요. 그 사람들은 엘리트 계층을 대표하니까요.

● **오늘날 인터넷 세대의 사고력이 떨어질 거라고 생각하나요?**

지금 사람들은 인터넷을 다 하잖아요. 몇 년 더 지나면 인터넷을 하지 않는 사람은 없을 테고요. 모든 사람이 인터넷을 사용하고 있지만 인터넷이 사람들의 사고력을 떨어뜨린다거나 사고할 필요가 없게끔 만든다고 생각하지 않아요. 그냥 예전과 다르게 사고하는 거죠.

우리는 인터넷을 통해 자료를 찾아요. 그 자료가 완전할 때도 있고 불완전할 때도 있는데 철학 숙제를 할 때 필요한 자료라면 아주 완전할 필요는 없어요. 그냥 핵심 몇 가지를 찾아내기만 하면 돼요. 중요한 건 철학적인 문제를 제기하는 거죠. 유튜브나 교육 사이트를 통해 부족한 부분을 보충할 수도 있어요. 우리는 재미도 있고 사람을 끌어들이는 사이트들을 좋아해요.

이유는 잘 모르겠지만 이런 사이트들 중에서 특히 이과 관련 사이트들은 남자들이 많이 봐요.

텍스트 논평을 하려면 작가를 잘 알아야 하는데 대개 인터넷에서 검색하면 찾을 수 있어요. 작가가 그 책 또는 텍스트를 쓰게 된 동기와 시대적 배경을 알 수 있죠. 이런 과정을 통해 우리 지식은 더 풍부해질 거예요.

대학에 들어가고 책을 잘 읽게 된 후에도 여전히 인터넷을 많이 이용해요. 인터넷이 정말 좋은 게 뭐냐면 새로운 내용을 배우고 있는데 선생님이 갑자기 어떤 인물을 언급하시면 인터넷에서 곧바로 그 인물에 관한 정보를 찾을 수 있다는 거예요.

인터넷에는 정보가 혼재해 있다는 문제는 있어요. 누구나 쓸 수 있으니까요. 그 정보가 진짜인지 가짜인지 모르죠. 이번 프랑스 국경일에 니스에서 발생한 트럭 테러로 80여 명이 사망한 끔찍한 사건도 마찬가지예요. 범죄를 저지른 사람과 이름이 같은 사람이 있었는데 잘못된 정보 때문에 '신상털기'로 그 사람 사진이 공개됐잖아요. 그게 바로 군중효과예요. 인터넷은 군중효과를 강화하고 사고를 말살시키죠.

IT업계 거물 중 하나가 그런 말을 했어요. 인터넷에는 잘못된 정보가 너무 많아서 자기도 잘못된 정보를 많이 전달할 수 있지만 오히려 그런 이유 때문에 우리가 제대로 된 진짜 자료를 찾는 법을 배울 수 있는 거라고요.

사고의 토양을 갈아엎다, 타이완의 실험철학수업

이제 타이완으로 시선을 돌려보자. 쉬페이쉬안徐沛璇과 천윈훙陳運弘은 난샹 고등학교 국제인문실험반 제1기 학생이다. 두 학생은 고등학교 1학년 때 매주 2시간씩 철학수업을 받았다. 고3을 앞두고 있어서 여름학기 커리큘럼이 빡빡한 탓에 페이쉬안과 윈훙은 겨우 시간을 내서 철학수업이 무엇을 바꾸었는지 이야기해주었다.

● 철학수업을 받은 지 1년도 더 넘었는데 가장 인상 깊었던 주제는 뭔가요?

쉬페이쉬안: 제게 가장 깊은 영향을 끼친 건 '미와 추'에 관한 수업

이었어요. 저희는 다음 주 수업주제를 미리 알 수 있었는데 저는 선생님이 주제와 관련된 작품을 보여주신 다음 미美가 무엇인지, 추醜란 무엇인지에 대해 토론을 시키실 줄 알았어요. 그런데 선생님은 수업을 시작하자마자 저희에게 '수류탄'을 날리셨죠. 선생님이 말씀하셨어요.

"미와 추는 모두 상대적인 것이지 절대적인 게 아니에요. 거기에 사람이 정의를 부여하고 비교를 더한 것이에요."

이런 생각은 다른 주제에도 적용할 수 있었어요. 그 후에 수업했었던 '죄와 벌', '유와 무'를 포함해서요.

선생님은 미학 주의력에 대해서도 언급하시면서 '내가 어떤 사물을 볼 때 맨 처음 머릿속에 떠오르는 것과 주목하는 것은 무엇인가?'를 생각하라고 하셨어요. 그 수업을 마치고 나니 사물을 대할 때 비교적 민감하고 예리해진다는 걸 알게 됐어요. 제가 맨 먼저 보거나 주목하는 게 무엇인지 신경을 쓰게 됐죠.

사회적 이슈든 학교에서 일어난 사건이든 간에 저는 제가 무엇을 봤는지 주목해요. 그러고는 스스로에게 묻죠.

'내가 이런 문제나 현상에 먼저 주목하는 이유는 무엇일까?'

천윈훙: '죄와 벌'이라는 주제요. 저는 선생님이 타이완의 형법, 민법, 행정법규와 같은 관련 법률을 소개하실 거라고 예상했죠. 그

런데 선생님은 죄와 벌 그리고 도덕의 관계를 이야기하셨어요. 저는 처음에 듣고 얼떨떨했어요. 선생님이 저희에게 물으셨죠. "만약 친구가 여러분을 구하기 위해서 여러분을 어딘가에 가둔다면 친구에게 죄가 있을까요?"

도덕은 일상생활뿐만 아니라 다른 곳에서도 적용할 수 있어요. 여기서 도덕은 우리가 기존에 생각하던 그 공중도덕이 아니에요. 그리고 도덕의 딜레마도 있어요. 모든 의료진이 바쁘게 일하고 있는 응급실에 환자 두 명이 동시에 들어와요. 둘 다 급히 치료를 받아야 하는 상황에서 한 사람은 대통령, 한 사람은 거지일 때 만약 당신이 의사라면 누구를 먼저 구할 건가요?

쉬페이쉬안: '죄와 벌'은 저를 가장 많이 변화시켰던 주제예요. 저는 줄곧 '한 사람의 목숨으로 다른 사람의 목숨을 맞바꿨다'라고 생각했어요. 그런데 사형에 대해 토론하기 시작하면서 제 생각이 점점 바뀌게 됐죠. 이 수업은 답을 주지 않아요. 선생님은 저희를 데리고 타이완 인권촉진회와 타이완 사형반대연대TAEDP를 탐방하러 갔어요. 저희는 안락사에 대해서도 토론했어요. 반친구들 대부분은 안락사를 찬성했어요. 찬성 측에 허점이 있으면 곧 반대 측이 의혹을 품고 파고들어요. 토론을 하면서 나와 다른 생각을 가지고 있는 사람이 있다는 걸 서서히 알아가죠. 철

학수업을 들으면서 저희는 자기 생각을 갖게 됐어요. 사회 문제에도 더 관심을 갖게 됐고요. 이제는 다른 사람 때문에 제 생각이 쉽게 흔들리거나 하지 않아요.

● 철학수업 내용을 어떤 식으로 가족들과 공유합니까?

쉬페이쉬안: 선생님은 저희가 토론에 참여하도록 이끄셨어요. 선생님이 드신 예들도 상당히 재미있었고요. 저는 수업을 하면서 든 생각이나 수업에서 다뤘던 문제에 대해 가족과 자주 대화를 나눴어요. 부모님도 제 얘기를 흥미롭게 들으셨어요. 부모님이 생각해보지 못했던 것들도 있었고요. 부모님은 제가 설명하는 걸 듣고 싶어 하셨어요. 제가 선생님이 될 때도 있었죠. 수업 주제가 3주마다 한 번씩 바뀌었는데 그때마다 부모님은 호기심을 가지고 제게 물으셨어요.

"새로운 주제 없니? 다음 주 주제는 뭐야?"

한번은 선생님이 저희에게 물으셨어요.

"여러분은 흰색 개를 '검둥이'라고 부를 수 있나요?"

일부 학생들이 대답했어요.

"당연히 '흰둥이'라고 불러야죠!"

제 남동생도 제가 수업에서 있었던 일들을 얘기하는 걸 듣기 좋아했는데 맞장구를 치더라고요.

"흰색이면 흰둥이지."

저는 남동생과 수업 내용을 가지고 자주 이야기를 나눴어요. 그러면서 동생은 매사가 우리 눈에 보이는 모습이 다가 아니라는 걸 서서히 알게 됐어요. 저는 동생에게 철학수업을 한 게 아니에요. 그냥 정의와 개념을 말했을 뿐이죠. 그런데도 동생은 제가 얘기한 문제들을 좋아했어요.

천원훙: '미와 추' 수업을 할 때 선생님은 영화를 보여주셨어요. 제가 정말 좋아하는 영화였죠. 제가 엄마에게 '미와 추'라는 주제와 그 주제를 가지고 친구들과 토론하면서 나왔던 다양한 이야기를 해드리면 엄마도 같이 보조를 맞추면서 흥미롭게 들으셨어요.

● **철학수업을 듣고 나서 다른 반 친구들과 어울릴 때 뭔가 다르다는 걸 느꼈나요?**

쉬페이쉬안: 서클에서 다른 반 친구들이랑 어울릴 때 배운 내용을 실천했죠. 철학수업이 제게 영향을 준 거라면 친구들과 서로 발표를 하고 자신의 생각을 이야기하는 거예요. 이렇게 하면 소통에 정말 많은 도움이 돼요. 철학수업을 받지 않은 학생들이 저한테 물어보더라고요.

"너는 어쩜 말을 그렇게 조리 있게 잘하니? 다른 애들은 이 얘기했다 저 얘기 했다 온통 뒤죽박죽인데."

천원훙: 철학수업시간에는 항상 느낀 점과 생각을 적어야 했어요. 그래서 지금은 자유자재로 글을 쓸 수 있어요. 글쓰기를 보면 다른 친구들과 다른 점이 보이죠. 학원에서 작문수업을 하는데 선생님은 저희가 분석한 게 일리 있다고 하셨어요. 다른 학생들은 핵심을 잘 못 잡는 거 같아요.

● **철학수업이 일반 수업과 다른 점이 뭔가요?**

쉬페이쉬안: 철학수업과 가장 극명한 차이를 보이는 수업은 사회 과목이라고 생각해요. 사회수업 시간에는 선생님이 교과서에 쓰인 대로 가르쳐요. 하지만 교과서는 교과서고 생활은 생활이에요. 저희는 아직까지도 중앙산맥이 몇 미터인지 외워야 해요. 그런데 실제로 중앙산맥에 가더라도 그게 몇 미터인지 신경 쓰지 않잖아요. 그저 여기가 매우 춥다거나 어떻다는 것만 느낄 뿐이죠. 사회수업은 너무 고리타분하고 주입식인 것 같아요.

천원훙: 저는 사회과목이 좀 적응하기 힘들었어요. 철학수업은 토론 위주예요. 다양한 문제를 보면서 학생들이 다른 의견을 제시할 수 있죠. 사회 시간에 선생님은 저희에게 앉아서 수업 내용을

잘 들으라고 하셨어요. 토론할 여지가 전혀 없어요! 선생님이 수업하시면 저희는 그냥 받아들여야 되는 거예요. 중화민국 입법원, 행정원, 균형…… 거기다가 투표율 계산하는 것까지 배워야 해요. 선생님은 참고서를 가져오셔서 다른 국가의 정치체제에 대해 보충설명을 하시죠. 하지만 실례를 들어 분석하지는 못해요. 이런 내용들은 현실생활과 동떨어져서 실제로 써먹을 수가 없어요.

만약 철학수업처럼 사회과목을 수업할 때도 토론 방식을 적용한다면 다들 좀 더 의욕적으로 수업에 임할 거예요.

1교시 철학수업

철학을 배우는 것은
한 사람이 되기 위해서다

최근 몇 년간 타이완에서는 고등학교 철학교육을 추진하자는 움직임이 일고 있다. 이에 대해 중앙연구원 중국문철연구소의 부연구원인 황관민 씨와 이야기해보았다.

● **고등학교에 철학교육을 보급하자는 움직임에 특별한 배경이 있나요?**

간접적인 원인과 직접적인 원인 두 부분으로 나눠서 설명하겠습니다.

간접적인 원인은 계엄시기(1949~1987)부터 이야기해야 합니다. 계엄시기에 타이완의 고등학교에서는 시민과 삼민주의를 교육했어요. 사조思潮와 정책에 대해 소개하기는 했지만 국가의 조직를 변호하고 유지하는 데 치우쳤죠. 사상 교육은 문화사로 보강하기는 했지만 대학 연합고사 제도에 맞게 배운 내용을 암기하는 형태로 바뀌면서 형식적인 지식이 학생들의 발전과 사고의 확장을 제한했습니다.

계엄 이후 교육개혁이 이루어지고 입시방안이 다양해지면서 선택과목이 늘었어요. 하지만 시험과 선발을 통해 학생들이 입학할 수 있었기 때문에 암기 위주의 학습방식은 변하지 않았죠. 우수한 학생들도(자연과학 분야 학생들 포함) 문제를 푸는 것에 만족했고 '표준답안'을 얻고 싶어 했어요.

계속 이렇게 가다가는 엘리트 교육이 학생을 둘로 나누는 한편 사상이 여러 테두리 안에 갇히게 됩니다. 다행히 지식의 전문화와 사회의 민주화가 이루어지면서 사상의 다양성을 주장하는 목소리가 높아졌어요. 일례로 고등학교에 학생들의 사변능력을 훈련할 수 있는 무언가를 도입하자는 것인데 이는 곧 철학교육의 구상과 연결됩니다.

현황을 보면 교육부에서 이미 생명교육을 고등학교(심지어 중학교, 초등학교) 교과과정에 넣었고 여기에 많은 철학계 학자들이 참여했어요. 또 문화를 기본교재(사서(四書) 위주)로 하는 수업도 있어요. 이 '과목'들 중에 철학과 생명교육, 문화 기본교재의 차이를 반드시 면

저 정리해야 합니다. 동시에 철학이 앞서 말한 두 과목이 달성하지 못한 어떤 역할을 할 것인지 명확히 생각해봐야 합니다.

직접적인 원인은 최근 몇 년간의 흐름이에요. 첫 번째는 고등학교에서 인문사회실험반이 생긴 것인데 수학이나 자연과학실험반과 유사해요. 흥미를 가지고 가입한 학생들이 입학 후 공부하겠다는 신청을 합니다. 이는 교육부의 계획과 맞아떨어져요. 인문사회반에 인문, 사회과학 분야의 학자들을 초청해서 입문 성격의 수업을 하게 하고 고등학교 1학년 학생들에게 기본적인 인식을 심어주는 것입니다.

특별지도로 수업에 참여하는 박사반 학생들도 있는데 철학 얘기를 더 많이 합니다. 중학교를 갓 졸업하고 고등학교에 입학한 학생들은 비로소 중학교 수준의 독서 시험과정을 벗어나서 짧게나마 자유롭게 사고할 수 있는 여유가 생깁니다. 학생들은 인생의 전환기에 있기 때문에 묻고 싶은 문제가 아주 많습니다. 이런 면에서 철학은 사람들을 끌어들이기 매우 쉬운 출발점이라고 할 수 있습니다.

두 번째는 프랑스 유학을 한 학자들이 돌아왔다는 것이죠. 프랑스의 바칼로레아에 철학과목이 있는 걸 보고 프랑스의 고3 학생들이 1년간 철학수업을 하는 걸 본 사람들이죠. 프랑스는 이처럼 철학교육을 통해 광범위한 철학 인구를 키워냈습니다. 이는 철학을 보급한다는 구상에도 부합했죠. 타이완에서 철학과 학생들은 대학을 졸업한 후에 마땅한 진로가 없어요. 예전에는 사회과목(또는 삼민주의 과목)을 가르칠 수 있었는데 사실 뽑는 인원도 적고 경쟁자는 넘치는데다 사회과목 교사를 양성하는 정식 코스가 따로 있었습니다. 그래서 철학 교사들 중 일부는 프랑스의 철학교육 관련 제도를 알게 됐을 때 고등학교 철학수업을 향후 철학 전공자들이 취업할 수 있는 한 방편으로 삼겠다는 생각을 하게 된 것입니다.

● **현재 타이완 학계의 반응은 어떤가요?**

앞서 언급했던 직 · 간접적인 원인으로 인해 사람들이 고등학교에서 철학을 가르치자고 호소하기 시작했습니다. 대부분 민간기구에서 그렇게 주장합니다. 그중 하나가 고등학교 철학교육보급학회인데 민간사회단체의 방식으로 고등학교 철학실험수업을 추진하려고 하죠. 이미 일부 고등학교 인문사회반과 연합해서 수업을 시작했어요. 또 다른 예로 정푸톈재단鄭福田基金會을 들 수 있는데 시민력과 이행기 정의Transitional Justice의 이념을 기치로 해서 고등학교 철학실험수업을 추진한 적이 있습니다. 2016년 6월 타이완 철학학회에서도 중정대학 철학과 천뤼린陳瑞麟 주임이 초안을 작성, 공동서명발표를 통해 교육부에 고등학교 철학수업을 교과과정에 편입시켜달라고 건의했어요. 교육부 측에서는 긍정적인 반응을

1교시 철학수업

보였고요. 그런데 철학계에서는 그 뒤로 아직 정식 논의를 진행하지는 않은 것 같습니다.

● 현재 고등학교 철학교육을 추진하자는 주장이 자주 제기되고 있는데 학생과 학부모들의 호응이 있나요?

현재 고등학생들의 의견이 어떤지 알아볼 수 있는 구체적인 자료가 없습니다. 만약 고등학교 철학실험수업에 참여했던 학생들을 대상으로 조사한다면 긍정적인 답을 얻을 수 있겠지만 철학수업에 참여한 적이 없는 일반 학생들에게 묻는다면 돌아오는 대답은 천차만별일 것입니다. 문제는 철학에 대한 인식과 구상에 있을 것 같습니다.

고등학생들이 철학을 수업의 일부로 여길지 아니면 자신과 밀접한 관련이 있는 사고방식으로 간주할지, 생각하는 방향에 따라 다른 답을 얻게 될 것입니다.

대부분의 학부모들이 고등학교 수업에 대해 관심을 갖는 것은 시험에 포함되는지, 시험의 형평성에 영향을 주는지 여부와 같은 기술적인 문제들입니다. 만약 추상적인 방식으로 학부모들에게 자녀가 사고를 훈련하길 원하는지 묻는다면 학부모 대다수가 동의할 것입니다.

그런데 철학으로 사고를 훈련하는 것에 대해 묻는다면 그건 철학에 대한 학부모들의 인식에 달려 있습니다. 일반적인 인식이 부족한 상황에서 학부모들은 보통 대략적인 인상으로 판단합니다. 이런 식으로 문제가 돌고 도는 것이죠.

● **고등학교 철학교육을 추진하려면 어떻게 첫 발을 내딛어야 한다고 생각합니까?**

먼저 '수업'이라는 생각을 버리고 '교육' 그 자체로 돌아가서 봐야 합니다. 고등학교 철학교육의 목적이 무엇인지, 무엇을 가르쳐야 하는지, 어떻게 가르쳐야 하는지, 이 세 가지 부분을 확실하게 정하고 시작해야 합니다.

프랑스 고등학교에서 철학교육을 시작한지는 좀 됐습니다. 그동안 여러 가지 변화를 겪었고 그 변화들이 철학 학계에 많은 논의를 불러일으켰어요. 심지어 1970년대에 공청회와 대규모 토론을 열기도 했습니다. 우리도 철학교육을 실시하려면 교육부가 내린 공문 한 장으로 결정하고 곧바로 시범 운영하는 건 금물입니다. 반드시 선도계획이 있어야 합니다. 프랑스 고등학교에서 철학수업을 하게 된 연혁을 깊이 있게 연구하는 한편 수준과 배경이 다른 고등학교 학생들을 선별해서 수업계획에 참여하게 합니다. 이 수업은 미래의 철학과 학생을 길러내는 게 목적이 아닙니다. 철학과 졸업생들에게 일자리를 주기 위해 철학수업을 만드는 것도 아닙니다.

무엇을 가르치고 어떻게 가르치느냐가 관건이죠.

무엇을 가르칠까요? 수업요강이 있어야 할까요? 수업교재는 어떤 걸로 해야 할까요? 철학 번역서를 들여와야 할까요? 번역의 품질은 어떻게 정립하죠? 먼저 철학 학계에서 자체적으로 수많은 문제를 놓고 고민해야 합니다. 이런 문제들을 간과하면 좋지 않은 결과를 초래할 수 있습니다.

어떻게 가르칠까요? '무엇을 가르칠지'가 결정되면 '어떻게 가르칠지'에 대한 방법을 생각하게 됩니다. 흥미를 이끌어내고 토론을 활성화시키는 것을 위주로 하느냐, 아니면 강의하고 철학지식을 전달하는 것을 위주로 하느냐. 문자를 통해 사고하고 부수적인 언어표현에 의지할 것인가, 아니면 영상, 음악, 몸동작, 기호처리 등을 이용할 것인가, 그 차이가 있을 뿐이죠.

하지만 '수업내용'과 '수업방식'이라는 두 가지 문제는 전체적인 사고와 관련이 있고 발전시켜야 할 세부적인 부분이 많기 때문에 우선은 이 정도로 간략하게 답하겠습니다.

● **앞으로 어떤 장애물에 부딪치게 될 거라고 예상합니까?**

가장 큰 어려움은 진학제도에서 비롯됩니다. 소위 입시 위주의 제도에서는 취업, 시장의 가능성과 연계하는 것이 가장 중요합니다. 이런 사회적 분위기에서 철학이 정규 교과과정에 들어간다면 긍정적인 전망을 기대하기는 어렵습니다. 아예 관심 밖으로 밀려 나거나 어떤 틀(문제집, 시험지, 모의시험문제 등)에 갇히게 되겠죠. 학부모와 학생들의 반발도 있을 거예요. 그들이 가장 자주 하는 질문은 이겁니다.

"이걸 배우면 어떤 쓸모가 있나요?"

"들어도 이해가 안 돼요."

"무슨 얘기를 하는지 잘 모르겠어요."

철학수업을 하려면 해결해야 할 부분들이 있습니다. 토론을 많이 해야 한다면 교실의 학습 분위기가 어느 정도는 바뀌어야 하죠. 학습동기가 불순하고 학생들이 수동적인 환경에서 철학수업을 추진하면 역효과를 가져올 수 있습니다.

학생들의 학습동기가 높지 않다면 철학수업은 지루해질지도 모릅니다. 고등학생들은 단순한 강의나 텍스트 독해에도 쉽게 지루해하니까요. 더군다나 학생들이 독해방식을 바꾸지 않고 철학 텍스트를 그저 평범한 산문으로 여기고 본다면 학생들의 질의와 깊이 있는 사고를 이끌어낼 수 없을 것입니다.

학교 안에서나 학급에서 철학수업에 대한 교사와 학습자의 인식도 걸림돌이 될 수 있습니다. 철학수업이 학생들의 흥미 유발을 목적으로 하지 않고 지식을 주입하면 배움에 장벽이 생기고 학생들에게 거부감을 주게 됩니다.

철학에는 답이 여러 개가 될 수 있는 문제가 많고 고정답안이 없기 때문에 가르치는 사람에 따라 견해가 달라 학생들이 어떻게 해야 할지를 모르는 경우가 많습니다. 거기서 한걸음 더 나아가 철학을 그저 확실한 답을 제공할 수 없는 끝없는 논쟁이라고 여기게 됩니다. 그럴 때 교사는 학생들에게 철학의 개방성과 그 의미를 이해시켜야 합니다. 철학수업의 깊이도 수업 자체에 도전이 될 수 있습니다. 철학수업이 엘리트를 훈련하기 위한 것인지 아니면 일반인을 위한 것인지 가리고 고민하게 만드는 것이죠.

● 고등학교 철학교사는 어떻게 양성하나요? 수업요강이 필요한가요?

만약 고등학교에 철학수업이 있어야 한다면 실험수업이든 정규수업이든 상관없이 꼭 수업설계를 해야 합니다. 하지만 수업을 설계할 때 교육부나 정부부처에서 수업요강을 규정할 필요는 없습니다. 몇 가지 수업설계 절차에 따라 철학교육을 실시하는 데 적합한 고등학교 수업계획을 세워야 합니다.

이렇게 해야 하는 주된 원인은 타이완에서는 철학이 다양한 모습을 가지고 있기 때문입니다. 다시 말해서 하나로 통일된 보편적인 철학기준이 없다는 것입니다. 철학의 이런 다양성을 감안하면 수업요강을 계획하는 건 부적절하다고 할 수 있습니다.

고등학교 철학교사의 자격 요건과 양성도 이런 배경을 고려할 필요가 있습니다. 하지만 고등학생을 상대로 가르치는 것이기 때문에 철학수업은 미래의 철학 전문 인재를 양성하는 게 아니라 학생들의 사고를 자극하는 게 목적이 될 것입니다.

이런 조건들이 갖춰지면 그다음에는 고등학교 철학교사가 학생들이 일상생활에서 부딪치는 일부터 문제제기를 하도록 이끌 수 있는지 봐야 합니다. 또 적절하고 조리 있게 사고할 수 있도록 학생들을 유도하는지 살펴봅니다. 이와 함께 학생들이 수업에 참여하는 능력과 흥미에 주목합니다.

또한 앞서 언급한 철학의 다양성을 고려해 교사가 수업설계에 적합한 능력을 갖췄는지 보고 자격을 인정해야 합니다. 교사는 수업계획을 세우는 설계자 또는 참여자라고 할 수 있습니다. 수업계획 방법을 교육한 뒤 교사에게 검정자격을 부여합니다. 하지만 이런 수업계획은 교육부가 반포한 교육강령이 아니기 때문에 프랑스 고등학교의 교사검정CAPES/Agrégation과 같은 국가고시제도는 없습니다.

하지만 만약 수업요강을 제정하고 철학교사검정시험 추진방안을 실시하려는 국가의 역량이 있다면 사정은 완전히 달라집니다. 그 경우에는 좀 더 다양하고 주도면밀하게 고려해야 할 것입니다.

● **철학수업과 사회나 윤리과목은 어떻게 다른가요?**

고등학교에서 철학수업을 추진하려는 목적은 주로 시민사회를 준비하고자 합니다. 하지만 철학은 여러 가지 문제를 탐구하기 때문에 인간의 지적탐구, 가치, 미감, 인생의 목적 등과 긴밀하게 연결됩니다. 철학을 통해 폭넓은 문제제기를 하면서 학생들이 개념을 하나하나 확정하고 추론을 형성해 자신의 생활방식에 좀 더 관심을 갖게 되는 것입니다.

사회나 윤리는 현대시민이 갖춰야 할 각종 지식을 제공하지만 그 지식들은 대개 규범이 주가 됩니다. 또한 이 과목들은 시민생활과 관련된 여러 규범을 전달하는 데 의의가 있으며 그에 맞게 학생들을 훈련하고 감시하는 것을 위주로 합니다.

그런데 철학수업은 단지 체제를 유지하기 위해 하는 게 아니라 비판적 기능도 있습니다. 철학수업은 근본적으로 체제를 공고히 하거나 전복시키기 위한 게 아니라 합리적인 시민사회가 출현하고 합리적인 시민생활을 할 수 있도록 하는 데 목적이 있습니다.

철학은 여러 기초적인 과학문제를 아우릅니다. 따라서 철학적으로 탐색하고 문제들을 연계하면서 고등학생들은 자기가 배운 지식에 어떤 합리적인 기초가 있는지를 보다 명확하게 이해할 수 있습니다. 무턱대고 교재만 외우는 게 아니고요. 이런 철학교육은 고등학생들이 배움의 목표를 좀 더 일찍 깨닫고 스스로 인생의 방향을 모색하는 데 도움이 됩니다.

● 그동안의 경험과 관찰에 비춰볼 때 철학수업을 어떻게 하면 좋을까요?

철학수업은 학생들이 자기 생활방식과 환경에 대한 탐색을 하는 방향으로 이끌어야 합니다. 수업설계는 기본적으로 학생들이 학습하는 기초에 주목하면서 다른 방향으로도 설계할 수 있습니다. 지식조건, 신앙과 가치, 사회형태, 신체느낌, 심미활동 등이죠.

사실상 철학은 늘 상식과 싸워야 합니다. 고등학생들은 인생에서 중요한 전환점에 서 있습니다. 남들이 말하는 대로 따라가고 전설, 미신, 또래의 압력, 매체, 가정, 전통 등에 쉽게 영향을 받습니다. 이런 다양한 요소들은 철학이 반드시 마주하고 처리해야 할 의제들입니다. 이 소재들을 근거로 하면 수업내용으로 활용할 만한 것들이 많이 있을 것입니다.

● 프랑스 고등학교 철학교육에서 참고할 만한 게 있다면 무엇입니까?

프랑스의 수업과 시험제도, 시험문제, 수업요강을 그대로 가져와서는 안 된다는 것입니다.

문제의 출발점으로 돌아가보겠습니다. 우리가 살고 있는 이 사회에서 가능한 선택에 대해 생각해봅시다. 만약 프랑스의 인구가 대략 우리의 3배라고 한다면 철학인구가 차지하는 비율은 훨씬 높습니다. 교육자원, 문화투자도 비율 면에서 큰 차이가 있을 것입니다. 우리의 인구비율, 역사적 환경, 경제구조도 프랑스와 상당히 다릅니다. 프랑스와 다른 문화적 배경에서 철학교육을 비학과 전공에 편입시키고 교육대상 연령대를 고등학생으로 낮추려면 더 많은 토론이 있어야 합니다.

철학교육이 학생들이 사변하고 변론하도록 이끌 수 있는지 없는지 고민하는 것은 나중 문제입니다. 우선은 고등학교 철학교육을 시행할 것인지, 시행한다면 어떻게 할 것이며 어떤 내용을 포함시켜야 하는지와 같은 기본적인 문제만 가지고도 논의가 이루어져야 합니다. 이는 고등학교 철학교육에 대해 사고하고 돌아보는 출발점입니다.

두 번째는 프랑스의 수업요강에는 역사가 있고 교육에는 나름의 규범이 있다는 점을 고려하면서 학생들에게 쓰기 훈련을 시키는 방법을 마련해야 한다는 것입니다. 프랑스에서는 학생들에게 논설문과 텍스트 해설 방법을 가르치는데 이는 시험문제 유형이기도 합니다. 이런 것들을 가르치게 된 데는 나름의 이유가 있습니다. 프랑스 학생들은 중학교 때부터 반드시 개요를 적어야 합니다. 문학 텍스트를 읽을 때는 해설을 적어야 하고요. 이런 훈련은 시간을 두고 꾸준히 일관되게 해야 하는 것이지 고3이 돼서야 시작하는 게 아닙니다.

논설문과 텍스트를 해설할 때 부딪칠 수밖에 없는 것이 바로 텍스트와 논제의 내부구조입니다. 학생들은 사상구조와 논증구조를 파악하는 법을 배워야 합니다. 심지어 은유의 구조를 배워야 할 때도 있습니다. 이런 사상구조를 배워 두면 철학 텍스트뿐만 아니라 다양한 글을 분석하고 사고할 수 있습니다. 그런 의미에서 철학 텍스트 해석과 사고훈련은 다른 지식 범주로 확장, 적용해나갈 수 있습니다.

프랑스의 고등학교 철학교육을 참고해서 국민 모두가 우리 교육제도가 양성하려는 인재상에 대해 생각해봐야 합니다. 철학은 엘리트적인 측면이 있긴 하지만 대중과도 보편적으로 연결되어 있습니다. 누구나 인재가 될 수 있지만 어떻게 그 인재를 키워내야 하는지를 고민해봐야 합니다.

우리의 복잡다단한 역사로 인해 우리 학교 교육은 다양한 문화자산을 마주해야 했습니다. 이런 자산들이 어떻게 해서 자산이 될 수 있었는지를 보려면 현재의 생활방식과 어떤 식으로 결합되어 있는지를 봐야 합니다. 우리가 어떻게 자산을 사용하고 있는지를 봐야 한다는 얘기입니다. 다양하고 복잡한 사상의 원천을 바르게 쓰는 방법을 이해한다면 철학이 그것을 선도하는 촉매제가 될 수 있을 것입니다.

● 타이완 학생들은 준비가 되어 있나요?

고등학교 학생들이 아직 준비가 안 된 상태이거나 부적절한 시기에 철학을 교육하는 건 적합하지 않습니다. 언제든 시작할 수는 있어요. 학생들을 끌어들일 수 있는 계기나 학생들이 조금이라도 흥미를 느낄 수 있는 요소가 있다면 철학의 씨를 뿌릴 수 있습니다. 중학생들도 철학을 접할 수 있어요. 적절히 잘 이끌어주고 작은 불씨라도 바로 꺼지지 않고 살아있기만 하다면요.

애석하게도 우리 사회는 지식을 시험과 동일시합니다. 연구소에 들어가거나 공직을 얻기 위해서 학원을 여기저기 다녀요. 단편적인 지식만 추구해서 상식이 극도로 부족해지는 상황이라면 우리 사회는 아직 준비가 덜 된 거라고 볼 수 있습니다.

철학이 공공자산으로 여겨지지 않을 때, 인생의 문제를 점술이나 영적인 곳에 기댈 때, 합리적으로 서로를 이해하기 위한 게 아니라 상대를 이기거나 상대에게 꼬리표를 붙이기 위한 목적으로 대화를 할 때 우리의 언어 의식도 준비가 아직 덜 된 것입니다.

이와 반대로 철학교육을 하려는 사람들도 '나는 준비가 되었나?' 하고 스스로에게 반문해야 합니다. 어떤 환경을 준비해야 하는지, 어느 개인이나 개별단체의 이해관계가 아니라 공익적 입장에서 고민했는지 자문해야 합니다.

마지막으로 철학이 공공성을 인정받았다면 철학이 개념을 다듬고 과감한 시도를 하는 걸 기꺼이 감수해야 합니다. 고등학생, 심지어 그보다 더 어린 나이의 학생들을 철학적 사고의 세계로 끌어들일 때 철학적 사고를 하는 동기는 바로 사고하는 사람에 대한 존중입니다.

하지만 과학실험실에 들어가는 모든 사람이 과학자로 변해야 하는 건 아니듯이 이런 식으로 모든 사람이 개념을 다듬고 과감한 시도를 할 필요는 없습니다. 다만 시민으로서 과학적 인식은 필요합니다. 엄격하고 진지하게 개념을 대하면 그 개념을 사용하는 사람들이 개념을 통해 자신의 근본적인 존재 조건에 대해 자각하게 될 수 있습니다. 이 역시 우리가 속한 사회와 공공생활에 유익할 것입니다.

1. 만약 등에 지퍼가 하나 있다면 진짜 '나'는
   지퍼 안에 있을까요 아니면 지퍼 밖에 있을까요?
2. 평생 지퍼를 발견하지 못할 가능성도 있나요?
3. 만약 지퍼가 열렸다면 다시 잠길 가능성도 있나요?
4. 만약 지퍼를 열었다면 영혼인가요?
5. 한 사람에게 지퍼는 하나뿐인가요?
   만약 다른 지퍼 안에 또 다른 내가 있다면 그것은
   정신분열인가요?

인간의 본성은 선한가요 아니면 악한가요?
게으름은 영혼의 본성인가요?
왜 국립대학교 전기과를 포기하고 철학을 공부하나요?
철학의 어떤 부분(정신적 측면)에 매료됐나요?

철학에서 찾는
기쁨과 자신감

여기까지 읽었다면 당신은 이제 철학이 전혀 두려운 대상이 아니라는 걸 알게 됐을 것이다! 파릇파릇한 16, 17세 때 이성적으로 인간의 욕망, 의식, 자유와 같은 문제를 탐색하는 것은 철학교육의 목적이 심오한 학문의 경지에 오르는 게 아니라 '성년'이 되기 위한 준비를 하는 데 있다는 걸 설명해준다. 이는 프랑스 철학가 조르주 캉길렘Georges Canguilhem이 "철학의 문제는 생명 본연의 여러 가지 문제를 처리하는 것에 지나지 않는다"고 했던 말과 일맥상통한다.

개인은 사회를 벗어나 혼자 살 수 없는 만큼 각 시대 상황을 마주해야 한다. 철학교육은 시대적 상황을 마주하는 데 필요한 이성적 사유와 판단 능력을 길러줌으로써 머리가 시대를 따라가지 못하는 상황을 피하게 해준다는 데 그 의의가 있다.

철학이 어려운가? 물론 철학이 쉽지는 않지만 진정한 어려움은 철학 그 자체에 있는 것이 아니다. 우리 교육환경에서 어려운 점은 표준답안이 주는 편안함에 안주하지 않는 것, 여론에 동조하기를 거부하는 것, 남과 다른 본인의 견해를 자신 있게 말하는 것, 깊이 있게 문제를 탐색하는 것이다.

다행스럽게도 철학교육은 깊이 있게 문제를 사고할 수 있도록 끊임없는 동력을 제공해주었다. 덕분에 우리는 기존에 가지고 있던 생각에 질문을 던질 수 있는 용기가 생겼고 한 번도 마주친 적 없는 문제를 발굴할 수 있게 되었다. 인터뷰에 응했던 프랑스 청년들의 말 속에서 사고하는 법을 배우는 데서 오는 기쁨과 자신감을 느낄 수 있었다. 우리는 심지어 이렇게 말할 수도 있을 것이다. "철학은 사람을 똑똑하게 만든다!"고 말이다.

그렇다면 우리도 철학교육부터 시작해보자. 손에 작은 삽을 들고 표준답안을 추구하는 학습풍토와 성적 위주의 사고를 뒤엎어서 교육토양이 자유롭게 호흡하고 햇빛과 물을 받아들일 수 있도록 만들어보는 건 어떨까.

프랑스 바칼로레아
철학 논술 기출문제

우리는 스스로 무엇을 하고 있는지 아는가?

나는 나의 과거가 만든 것인가?

자아에 대한 인식은 타인의 인식을 전제로 하는가?

개인의 의식은 그 사람이 속한 사회를 반영하는가?

우리는 무의식 상태(의식이 없는 상태)에서 한 행동에 대해 책임을 져야 하는가?

우리는 의식이 있을수록 자유로운가?

잠재의식은 숙명인가?

나는 나 자신이 아닐 수도 있는가?

우리는 왜 사랑하는지 아는가?

우리는 자신을 두려워하는가?

타인은 또 다른 나인가?

고독이란 무엇인가?

사랑과 우정을 어떻게 구별하는가?

지자智者도 친구가 필요한가?

다른 사람이 자유롭지 않은데 내가 자유로울 수 있는가?

우리는 우리 욕망의 주인인가?

욕망은 반드시 고통을 수반하는가?

욕망의 본질은 끝이 없다는 것인가?

불가능한 욕망은 터무니없는 것인가?

자연적, 본능적인 욕망은 존재할 수 있는가?

인간은 선천적으로 불완전한 존재인가?

문화와 자연은 반드시 대립하는가?

다문화는 사람들의 결속에 장애가 되는가?

문화가 인간과 다른 동물을 구분하는가?

보편적인 인류문화는 존재할 수 있는가?

어느 한 문화가 다른 문화보다 우월할 수 있는가?

왜 우리는 배워야 하는가?

사랑은 이성적인 것인가?

국가의 기능은 자유를 보장하는 것인가?

국가의 목적은 질서를 유지하거나 정의를 보장하는 것인가?

국가는 필요악인가?

국가가 없으면 우리는 더 자유로워지는가?

시민은 저항권을 사용할 수 있는가?

예술가가 제공하는 대상은 사람들이 이해할 수 있는 것인가?

예술은 과학보다 덜 필요한 것인가?

모든 예술작품에는 나름의 의미가 있는가?

현실생활에서 예술은 특별한 것인가?

예술은 자연을 모방한 것인가?

예술작품을 어떻게 판단하는가?

예술작품은 교환대상이 될 수 있는가?

예술작품은 우리의 감각을 키워주는가?

예술가는 그가 만든 작품의 주인인가?

미학의 기쁨이란 무엇인가?

언어는 소통의 도구인가?

일이 우리의 자유를 빼앗는가?

사람들에게 일이란 자유를 저해하는 것인가?

일은 쓸모 있는 사람이 되기 위한 것에 불과한가?

일과 자유는 대립하는 것인가?

선택할 수 있다면 자유로운 것인가?

일은 권리인가?

우리는 왜 일해야 하는가?

일이 적을수록 삶의 질이 더 좋아지는가?

일은 사람들의 바람을 실현시킬 수 있는가?

일하면서 우리가 얻은 것은 무엇인가?

자유는 부담인가?

행복은 허황된 것인가?

우리는 행복을 추구하기 위해 노력해야 하는가?

행복을 추구하려면 반드시 엄격하게 진실을 요구해야 하는가?

우리는 행복 추구를 위해 최선을 다해야 하는가?

행복은 정치적인 일인가?

행복은 개인적인 일인가?

무식해도 행복할 수 있는가?

우리는 타인의 행복을 추구할 의무가 있는가?

우리는 행복을 얻음으로써 무엇을 기대하는가?

우리는 자유롭지 않은데 행복할 수 있는가?

사랑은 의무인가?

사람은 의무를 다하기만 하면 되는 것인가?

의무의 충돌이 있는가?

도덕은 감성적인 일인가?

모든 신앙은 이성에 반하는 것인가?

우리는 정의롭지 못한 일을 어떻게 판단할 수 있는가?

우리는 정당하게 거짓말할 수 있는가?

우리는 자신을 속일 수 있는가?

정치는 반드시 도덕을 기반으로 해야 하는가?

도덕과 정치는 서로 용납할 수 있는가?

정치는 예술인가?

정치의 목적에는 어떤 것들이 있는가?

정치는 진실에 대한 요구를 회피하는가?

정치가 없는 사회를 상상할 수 있는가?

우리의 세계관은 언어와 관계가 있는가?

정의는 평등한가?

왜 처벌해야 하는가?

기본인권은 정의의 보편적 원칙인가?

보편적 가치는 정말 존재하는가?

우리는 악惡을 추구할 수 있는가?

인간은 사회적 동물이라고 말할 수 있는가?

사회생활은 개인이 존재하는 데 걸림돌이 되는가?

엄연한 사실은 사람들을 납득시키기에 충분한가?

철학 속에 진리가 없다는 걸 인정해야 하는가?

우리는 진실을 추구할 의무가 있는가?

현행 프랑스 고등학교 철학수업 요강

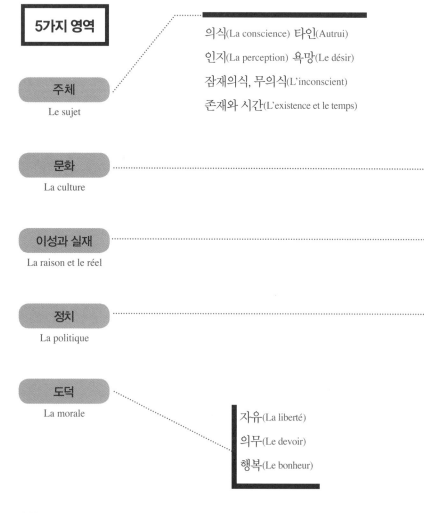

5가지 영역

주체
Le sujet

의식(La conscience) 타인(Autrui)
인지(La perception) 욕망(Le désir)
잠재의식, 무의식(L'inconscient)
존재와 시간(L'existence et le temps)

문화
La culture

이성과 실재
La raison et le réel

정치
La politique

도덕
La morale

자유(La liberté)
의무(Le devoir)
행복(Le bonheur)

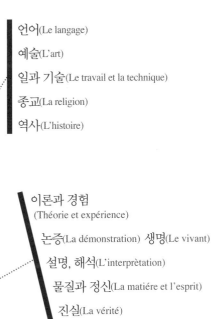

언어(Le langage)

예술(L'art)

일과 기술(Le travail et la technique)

종교(La religion)

역사(L'histoire)

이론과 경험
(Théorie et expérience)

논증(La démonstration) 생명(Le vivant)

설명, 해석(L'interprètation)

물질과 정신(La matiére et l'esprit)

진실(La vérité)

국가(L'État)

정의와 법률(La justice et le droit)

사회(La société)

사회와 교환(La société et les échanges)
(경제사회 계열)

사회와 국가(La société et l'État)
(과학 계열)

1교시
철학수업

1판 1쇄 인쇄 2017년 10월 31일
1판 1쇄 발행 2017년 11월 13일

지은이 뤄후이전
옮긴이 박소정
펴낸이 여종욱

책임편집 조창원
디 자 인 여만엽

펴낸곳 도서출판 이터
등 록 2016년 11월 8일 제2016-000148호
주 소 서울시 영등포구 선유로33길 2-2 아테네 101동 602호 (07268)
전 화 02-2679-7213 **팩 스** 02-2679-7214 **이메일** nuri7213@nate.com

ISBN 979-11-960074-4-7 03100

이 도서의 국립중앙도서관 출판시도서목록(CIP)은 e-CIP 홈페이지
(http://www.nl.go.kr/cip.php)에서 이용하실 수 있습니다. (CIP제어번호:CIP2017027100)

값은 뒤표지에 있습니다.
잘못 만들어진 책은 구입처에서 교환해 드립니다.